KB195949

K-반도체 벨트
토지를 사라

절대 실패하지 않는 토지 투자 전략의 모든 것

K-반도체 벨트
토지를 사라

이일구 지음

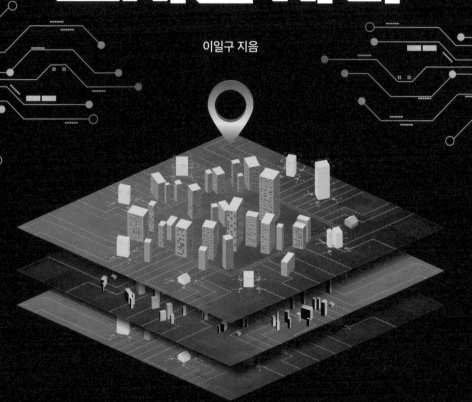

원앤원북스

서문

투자는
타이밍이다

18년간 전국을 누비며 부동산 투자·경매·컨설팅을 했다. 현재
는 안성에서 토지 중개를 전문으로 하는 공인중개사무소를 운영하
고 있다. 18년간의 경험은 헛된 것이 아니었다. 많은 투자자가 몰려
왔고 2021년에는 사상 최대의 실적을 세웠다. 여러 지역 중 안성을
택한 이유는 앞으로 안성이 유망한 지역이라는 확신이 있었기 때문
이다.

최근 수년을 돌아보면, 전국의 부동산이 살려달라고 아우성을 치
는 상황이다. 국제 유가가 오르고 원자재 값이 상승하고 곳곳에서
전쟁이 일어났다. 그중 부동산 시장에 가장 좋지 않은 악재는 단연

금리 상승이다. 금리 상승에 취약한 계층은 소위 '영끌'로 부동산을 매입한 젊은층이다. 깡통전세가 발생하고, 아파트 가격이 하락하고 있어 우리를 두렵게 만든다.

1997년 IMF 외환위기, 2008년 글로벌 금융위기, 2020년 코로나19 팬데믹, 2022년 금리 상승 등 여러 요인으로 부동산은 상승과 하락을 반복하고 있다. 늘 그랬듯이 대세 상승기에는 끊임없이 오를 것 같다가도 대세 하락기에는 온갖 우울한 전망이 시장을 지배한다. 너무 황홀하거나 너무 절망적인 분위기에 개미 투자자만 피해를 본다. 우리는 평정심을 유지하고 청개구리처럼 거꾸로 투자해야 한다. 남들이 오른다고 못 사서 안달이라면 팔 생각을 하고, 남들이 떨어진다고 거품을 물면 살 생각을 하면 된다.

투자는 타이밍이다. 지금처럼 애매한 시기에는 현금을 들고 저울질을 하면 된다. 은행이 이자를 많이 준다면 은행에 잠시 넣어두면 된다. 그랬다가 모두가 부동산 투자는 안 된다고 손사래를 칠 때, 경매 물건이 넘쳐날 때, 이자율이 높아서 이자 내기도 어렵다고 할 때, 그때 현장에서 소리 없이 움직여야 한다. 그 기회가 지금 오고 있다.

만약 호재가 많은 지역의 땅을 현재 보유 중이라면, 상황이 아주 어렵지 않다면 절대로 팔면 안 된다. 버티고 버티고 또 버티면 기회가 온다. 주변에 그런 부자들이 많다. 버티고 버티다 오르면 팔기도 하고, 건축하기 좋은 땅이라면 창고·공장·원룸 건물·단독주택·상가를 지어서 가치를 올리면 된다.

많은 지역을 다니면서 투자를 유치시킨 경험이 오늘날 내게 큰 자산이 되었다. 평택에 산 땅들은 대개 2~3배는 올랐다. 포승(BIX)지구, 화양지구 안중역 역세권, 평택호관광단지, 현덕지구 주변 땅들이 그렇다. 물론 그중에는 실패 사례도 있다. 투자이기에 100% 성공을 보장하는 것은 아니다.

전작 『돈이 되는 토지를 사라』에서는 어떤 지역의 땅을 사야 하는지 이야기했다면, 이번 책에서는 실전 사례를 중심으로 좋은 땅을 찾는 방법에 대해 이야기할 것이다. 사례를 참고해서 투자 지역을 고르고 투자 물건을 선별한다면 실패를 줄일 수 있다.

언제나 중요한 것은 투자의 타이밍이다. 타이밍이 잘못되면 악성 매물로 오랜 시간 고생할 수 있다. 오르지도 않고 매매도 되지 않아 소중한 기회비용을 날릴 수 있다. 그렇다고 기죽을 필요는 없다. 지금까지 경험으로 보면 실패는 실패가 아니라 성공으로 가는 허들에 불과했다. 결국은 토지 투자로 성공할 것이다. 포기하지 않는다면 말이다.

토지 중개업을 하고 있는 입장에서 보면, 고객으로 하여금 큰 수익을 올릴 수 있는 매물을 소개해야 한다. 돌아서면 부메랑이 되어 돌아온다. 이런 마음으로 매물을 설명하고 소개하다 보면 결국은 좋은 매물만 소개하게 된다. 결국 고객이 돈을 벌어야 공인중개사도 돈을 번다. 이것이 나의 원칙이다.

투자자이자 공인중개사로서 나는 돈을 벌었고 현재는 더 큰 꿈을 꾸고 있다. 책을 5권 썼고, 빚 2억 원을 갚았으며, 강의와 부동산 중개로 연봉 3억 원을 목전에 두고 있다. 최근에는 100건이 넘는 양질의 물건을 중개했다. 그 과정에서 터득한 노하우를 많은 독자에게 공개하려 한다.

이 책이 세상에 나오도록 도와준 많은 분과 출판사 관계자, 곁에서 기다리고 응원해준 가족에게 감사를 전한다.

이일구

6장 절대 실패하지 않는 토지 활용법

1장

돈 벌려면 반도체 벨트
주변 땅을 사야 한다

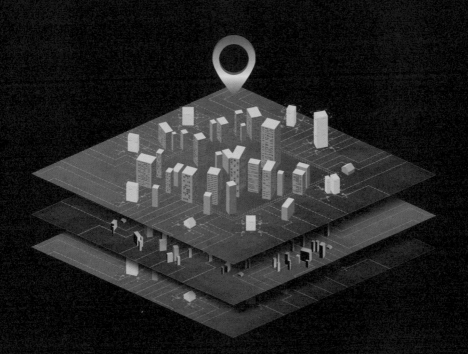

안성 325번 지방도
주변 토지

4차선으로 확장된
325번 지방도

용인 원삼면에서 안성시 보개면을 거쳐 안성 시내로 들어가는 325번 지방도가 2022년에 확장되었다. 나는 이 현장을 계획발표단계, 설계단계를 거쳐 착공 후 완공단계, 투자한 토지가 매물로 나오는 단계까지 생생히 경험했다. 도로의 신설이나 확장 보상은 토지투자 시장에 어떤 영향을 미칠까?

지도를 보면 A가 4차선으로 확장된 325번 지방도이고, B가 기

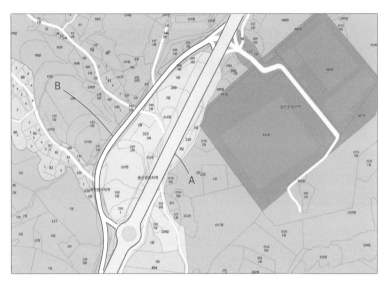

4차선으로 확장된 안성시 보개면 325번 지방도(A)와 기존 2차선 도로(B). 과연 B와 그 주변 땅의 운명은 어떻게 될 것인가?

존에 있던 주변 2차선 도로다. 4차선으로 확장된 A 주변에 있던 토지들은 어떻게 되었을까? 4차선이 예정된 곳에 접한 땅 1천 평은 평당 100만 원으로 10억 원에 거래되었다. 그중 절반은 이보다 훨씬 낮은 금액인 평당 20만 원 정도에 수용되었다. 1천 평의 절반인 500평이 평당 20만 원, 즉 1억 원에 수용되었다. 이윤을 얻으려면 나머지 500평에서 9억 원 이상을 벌어야 한다. 만약 평당 200만 원을 받으면 10억 원이니 총 11억 원을 얻게 된다. 좀 더 시간이 지나서 평당 500만 원을 받으면 25억 원이니 총 26억 원을 벌게 된다. 투자금 10억 원을 제하면 세전 수익만 16억 원이다. 계획대로 될 수

K-반도체 벨트 토지를 사라

용인시 원삼면 가재월리 도로 확장 현장

도 있고, 아닐 수도 있다. 그래서 지금 시점에서는 평가가 어렵다.

　다른 사례를 보자. 누군가 평당 120만 원에 4차선이 예정된 곳에 접한 땅 100평을 샀다. 4차선이 개통되고 평당 300만 원을 부르고 있다. 매수가는 1억 2천만 원이고, 목표 매도가는 3억 원이다. 계획대로 판매된다면 1억 8천만 원 수익을 보게 된다. 단순히 수익률만 따지면 전자는 160%, 후자는 150%다. 목표로 하는 바가 비슷비슷하다.

　나는 출퇴근을 하면서 많은 아이디어를 얻는 편이다. 일부러 돌고 돌아 개발 현장을 뒤지고 다닌다. 변화의 모습을 기억하고 투자에 응용하기 위해서다. 안성의 325번 지방도는 용인반도체클러스터 아래에서 57번 국지도로 연결된다. 예시 사진은 용인반도체클러스터 위로 17번 국도와 이어지는 곳이다.

지금 당장 필요하지 않더라도 도로 공사를 먼저 하는 지자체가 많다. 그 이유는 보상이나 민원 때문이다. 선제적으로 일을 벌이면 평당 50만 원의 보상으로 끝나지만, 나중에 호재가 뚜렷해진 상황에서 수용을 하면 평당 100만~200만 원이 들어간다. 꼭 필요한 도로라면 당장 써먹지 못해도 미리 공사를 시작하는 것이다.

내가 주로 다니는 현장은 안성과 용인, 이천이다. 이곳은 땅값이 가파르게 오르고 있어서 지금이 제일 싸다. 땅 투자를 고려한다면 이렇게 주변 돌아가는 상황을 미리 알고 움직여야 한다. 지금 당장 호재가 뚜렷하지 않아도 도로 확장이나 신규 도로가 만들어지는 곳에 투자한다면 실패 확률을 낮출 수 있다.

이런 정보는 지자체 사이트에서 쉽게 찾을 수 있다. 굵직한 사업은 국토교통부 사이트(www.molit.go.kr)에 있다. 지나가다 도로가 신설되거나 확장되는 곳이 있다면 왜 이런 곳에 이런 도로가 필요한지 궁금증을 가져야 한다. 도로가 구부러져 있다면 '선형개선사업'이라고 해서 훗날 직선으로 도로를 만드는 작업도 염두에 둬야 한다. 지금 도로에 접한다고 비싸게 살 것이 아니라, 도로의 모양이 바뀌는 변수도 고려해야 한다.

K-반도체 벨트 토지를 사라

어떤 도로 주변에
투자하는 것이 좋은가?

그럼 어떤 도로 주변에 투자하는 것이 좋을까? 당연히 2차선 주변의 토지가 가장 좋다. 가격만 합리적이라면 때로는 상권이 형성된 4차선 주변도 괜찮다. 미래 가치가 충분한, 비교적 변수가 적은 고속도로 IC 주변 4차선에 접한 토지도 좋다. 그중 지금은 텅 빈 농지지만 누군가 상가를 짓거나 원룸을 짓고 있다면 눈여겨봐야 한다

나는 오랫동안 안성 325번 지방도 끝 지점인 보개면 북가현리 주변 공사 현장을 눈여겨봤다. 상가를 건축하고 있었는데 초반에는 공실이 생길 것이라고 예상했다. 그런데 생각보다 빨리 음식점으로 채워지고 있다. 그 이유는 주변에 골프장이 2개가 있는데 음식점의 수가 적어서 그렇다. 공실이 채워지자 건물주는 매도를 고려하고 있다. 본래 그곳은 축사가 있던 자리다. 그런데 서서히 상업지역으로 탈바꿈한다. 용인반도체클러스터와 서울세종 고속도로 개통이라는 대형 호재가 시간차를 두고 예정되어 있다. 앞으로도 계속 오를 것이다.

하지만 너무 일찍 수혜를 예상했던 325번 지방도 남풍리 풍정마을 사거리는 아직까지 휑한 논밭 상태 그대로다. 아마 고삼IC가 개통되면 상황이 급반전할 것이다. 물론 기대치가 반영되어 가격이 너

무 오른 것이 흠이지만, 앞으로도 이곳은 매물이 나오지 않을 것이다. 아는 투자자가 이곳 1,700평 맹지를 평당 100만 원에 샀다. 도로가 확장될 계획은 있었지만 그것만 가지고 토지에 투자하는 것은 리스크가 높다. 그런데 3년이 지나자 더 이상 사고 싶어도 살 수 없는 땅이 되었다. 지금도 지인은 가끔 공인중개사무소에 들러서 땅이 더 나오면 사겠다고 이야기한다.

공인중개사 입장에서는 이러한 큰손이 부러울 때가 많다. 돈이 있어야 투자도 가능하고, 돈이 있어야 좋은 땅을 사서 미래를 내다볼 수 있다. 10년을 경매와 토지에 대해 공부하고, 8년간 현장에서 공인중개사로서 일하면서 얻은 깨달음은 행동하는 투자자에게 좋은 결과가 나온다는 사실이다.

제대로 사면 3년에 2~3배는 기본으로 수익을 낼 수 있다. 잘못 사도 5~10년이면 대부분 복구를 하고 더 나은 결과를 만든다. 물론 이보다 더 나은 투자처도 있겠지만 현물을 가지고 있는 투자 중에 리스크가 가장 적은 것은 단연 토지 투자다. 토지 투자에 눈을 뜨면 아파트·상가·오피스텔·꼬마빌딩 등은 눈에 들어오지 않는다. 물론 생활비를 벌어야 하는 입장이라면 수익형 부동산을 먼저 마련하는 것도 한 방법이다.

가수로 치면 강남의 부동산이 나훈아라면 이제 막 뜨는 도로 주변 토지는 임영웅이라고 할 수 있다. 지는 해와 뜨는 해로 나뉜다. 투

K-반도체 벨트 토지를 사라

자할 여력이 있다면 어디를 선택해야 할까? 강남의 2평 땅이면 지방에서는 500~600평은 살 수 있다.

다가오는 반도체 시대, 그중에서 AI에 들어가는 HBM이나 시스템반도체의 중심에 화성·평택·용인·안성·이천이 있다는 점을 잊지 말자.

서울세종 고속도로가
미치는 영향

길을 따라
돈이 흐른다

부동산 투자에 관심이 있다면 서울세종 고속도로가 개통된다는 소식을 매스컴을 통해 알고 있을 것이다. 개발 예정이란 소식에 당시에는 나도 인터넷을 열심히 뒤졌다. 최근 서울양평 고속도로가 양서면과 강상면 중 종점을 어디로 두느냐에 따라 정치권에서 입장이 첨예하게 나뉜 바 있다. 경부와 중부 사이를 지나가는 서울세종 고속도로는 두말할 것도 없다. 경기 광주·용인·안성·천안·세종 등 고속도로가 지나가는 도시는 수년간 이슈의 중심에 서 있었다.

서울세종 고속도로 1단계인 서울~안성 구간은 개통이 계속 미뤄지다가 2025년 1월 1일 개통되었다. 나라의 중심축을 가로지르는 이 거대한 건설 사업의 착공, 공사, 완공에 따라 단계별로 주변 토지 시장에 큰 변화의 바람이 불었다. IC가 생기는 주변으로 도시와 상업시설, 물류단지가 생긴다는 것은 삼척동자도 다 아는 사실이다. 그래서 투자자들은 촉각을 곤두세우고 돈이 될 땅을 찾고 있다. 교통이 좋아지는 곳에 일자리가 생기고, 일자리가 생기는 곳에 사람이 모여 사는 선순환을 기대하면서 말이다.

과거에는 모든 것이 항구 중심이었다. 부산항·울산항·광양항·목포항·인천항을 중심으로 도시가 발달하고 무역의 거점이 형성되었다. 지금도 마찬가지다. 코로나19로 인해 인터넷 쇼핑은 비약적으로 발전했고, 전국에 상품을 하루 만에 운송하기 위해 물류창고의 중요성이 커졌다. 물류창고나 물류단지는 고속도로 IC를 중심으로 형성된다.

우리는 수많은 개발사업을 지켜보며 살고 있다. 서울만 해도 GTX-A·B·C·D·E 등 쉴 새 없이 개발사업이 계획되고 발표되고 착공되고 개통되고 있다. 누군가는 그러한 기회를 살려 돈을 벌고 있다. 우리는 어떠한가? 왜 우리는 기회를 잡지 못하고 돈을 벌지 못하는 걸까? 그 이유는 우리 주변에서 너무 많은 사업이 자주 진행되다 보니 감각이 무뎌졌기 때문이다.

설마가 사람 잡는다. 설마 하는 순간에 기회가 날아간다. 감각을 곤두세우고 끊임없이 현장을 다니면서 찾아야 한다. 여러분이 돈을 못 버는 이유는 정보를 돈으로 연결하는 방법을 모르기 때문이다. '악마는 디테일에 있다'라는 말이 있다. 정답은 디테일에 있다. 돈이 돈을 버는 것이 아니다. 돈은 행동하는 사람이 번다. 대개는 이런 정보를 주면 '이미 다 아는 내용인데?' 하고 그냥 지나친다. 그 차이다. 차이를 극복하는 순간 돈이 보인다.

자신이 산업단지 개발이나 아파트 택지개발 설계와 무관한 사람이라 하더라도 새로 생기는 고속도로 IC나 철도역 주변을 늘 관심 있게 봐야 한다. 아는 분이 4호선이 연장한 진접역 부근에 평당 150만 원을 주고 300평 토지를 매입했다. 역사가 개통되면서 지금은 평당 6천만 원은 간다고 한다. 300평이니 180억 원이다. 인생 역전을 한 사례다.

이분은 샀다 하면 10배가 기본일 정도로 안목이 뛰어났다. 안성시 보개면 2차선 도로와 접한 계획관리지역이 평당 350만 원에 나오자, 이분과 함께 임장을 간 적이 있다. 땅을 쓱 보더니 솔직히 가격이 비싸고 마음에 들지 않는다고 했다. 모양도 그렇고, 도로에 접한 면적도 적다고 했다. 솔직히 한 수 배우고 싶은 마음에 매물 몇 개를 더 보여드렸는데 웬만해서는 좋다고 하지 않았다. 마지막으로 고삼

K-반도체 벨트 토지를 사라

에 있는 건물이 있는 300평 대지를 보여드렸다. 평당가 300만 원에 나왔다고 하니 위치도 좋고 모양도 좋지만 자신은 주거용 건물에는 관심이 없다고 했다. 공실 없이 음식점과 노래방이 있었지만 돌아선 마음을 돌리기는 어려웠다.

고수분이 돌아간 후 내 생각도 많이 변했다. 쉽게 판단하지 않고 신중하게 돌다리를 두드리는 습관이 생겼다. 물건을 놓치더라도 깊이 생각하는 버릇이 생겼다. 가진 돈이 많이 없으니 실수를 줄여야겠다고 생각했다. 만약 실수를 해도 방법은 있다. 사전에 출구 전략을 세우고 들어가면 된다. 현장에서 땅을 중개하다 보니 땅으로 많은 돈을 번 고수들과 종종 만나게 된다. 이들이 나의 멘토이자 실수를 줄여주는 보물과 같은 존재다.

만약 투자금이 적다면 생각을 바꿔야 한다. 공동으로 경매 물건에 투자해서 수익을 올리는 방법을 찾는 것이 좋다. 혼자서는 외롭고 쉽게 지치고 에너지가 지속적으로 가라앉지만 함께 투자하면 으샤으샤 의기투합할 수 있다. 혹자는 사기가 두려워 공동투자를 꺼리지만 구더기 무서워서 장 못 담그겠는가? 실패는 할 수 있다. 다만 실패를 통해 배우는 것이 있다면 실패는 성공을 위한 디딤돌이 될 것이다.

수도권정비계획법을 알면 방향이 보인다

수도권정비계획법을 10가지 키워드로 간략하게 요약하면 다음과 같다.

1. 도시계획 수립

2. 자원 효율적 강화

3. 교통 인프라 개선

4. 주거환경 개선

5. 녹지공간 보전

6. 산업 지원 및 육성

7. 문화유산 보존

8. 재난 대응 및 안전 강화

9. 사회경제적 균형

10. 국제 경쟁력 강화

화성·평택·용인·안성·이천은 수도권정비계획법이 적용된다. 물론 작은 필지 하나를 매수하면서 수도권정비계획법을 들먹이는 것은 앞뒤가 맞지 않다. 수도권정비계획법은 수도권에만 있는 아주 특별한 법으로 '수도권(首都圈) 정비에 관한 종합적인 계획의 수립과 시행에 필요한 사항을 정함으로써 수도권에 과도하게 집중된 인구와 산업을 적정하게 배치하도록 유도하여 수도권을 질서 있게 정비하고 균형 있게 발전시키는 것'이 목적이다.

말은 그럴싸하지만 법에 의해 2,400만 명에 달하는 주민이 이용할 토지의 사용이 제한되고 있다. 이 부분을 잘 알고 투자하는 사람과 모르고 투자하는 사람은 실적이나 효율 측면에서 차이가 난다. 수도권정비계획법에 따라 수도권 내 구역은 과밀억제권역, 성장관리권역, 자연보전권역 3가지로 나뉜다.

과밀억제권역은 수도권 내에서 과도한 인구 집중과 산업 집적을 방지하기 위해 지정된다. 이 권역에서는 특정 산업의 신설이나 확장을 제한하는 등 엄격한 규제가 적용된다. 성장관리권역은 적절한 성

| 수도권정비계획 범위도 |

장을 유도하기 위해 지정된다. 이 권역에서는 인구와 산업의 적절한 배치를 통해 균형 있는 성장을 도모한다. 자연보전권역은 수도권의 자연환경을 보전하기 위해 지정된다. 이 권역에서는 개발 행위가 엄격히 제한되며 환경 보전이 최우선적으로 고려된다.

K-반도체 벨트 토지를 사라

수도권정비계획법을 투자에 어떻게 활용할까?

수도권정비계획법이 현장에서 어떻게 작용하는지 알아보자. 경기도 안성시 보개면과 삼죽면에 국사봉이라는 산이 있다. 이 산의 고개는 성장관리권역과 자연보전권역으로 나뉜다. 그 이유는 여기서 팔당으로 빗물이 흘러가는 곳은 자연보전권역이고, 평택호를 통해 서해로 흘러가는 곳은 성장관리권역이기 때문이다. 팔당은 서울 시민의 상수원으로 보전이 필요해 현재는 자연보전권역인 상태다. 반면 평택호 방면은 개발이 허용되는 곳이다. 당연히 개발이 상대적으로 쉬운 곳에 투자를 해야 나중에 주변이 개발되었을 때 땅값이 올라갈 것이다.

교과서만 보면서 공부를 하면 그냥 쓸모없는 법조항에 불과하지만, 이렇게 현장에 접목을 시키면 유용하게 투자에 활용할 수 있다. 땅을 사는 궁극적인 목적은 땅을 제대로 잘 활용하기 위함이지만, 땅값이 올라가는 것을 싫어할 사람이 있겠는가?

성장관리권역에서 공장 건축과 관련된 규제는 수도권정비계획법과 관련 시행령에 따라 규정된다. 성장관리권역은 과밀억제권역보다는 그래도 규제가 덜 엄격하지만, 체계적인 발전과 환경 보호를 위해 어느 정도의 제한은 있다.

공장 건축 관련 규제로는 다음의 4가지가 있다. 첫째, 공장 총면적이 제한된다. 성장관리권역 내에서는 개별 공장의 면적 제한이 있을 수 있다. 구체적인 면적 제한은 공장의 종류, 업종, 지역의 특성 등에 따라 다를 수 있다. 둘째, 녹지 비율 제한이 있다. 공장 건축 시 부지 내 일정 비율 이상의 녹지공간을 확보해야 한다. 셋째, 용적률과 건폐율 제한이 있다. 공장 건축 시 적용되는 용적률과 건폐율은 지역별로 차이가 있어 지방자치단체의 조례를 살펴야 한다. 넷째, 환경 영향 평가를 받아야 한다. 일정 규모 이상의 공장 건축 시에는 환경 영향 평가를 실시해 환경에 미치는 영향을 최소화하는 방안을 마련해야 한다.

지역마다 조금씩 다르므로 국토교통부 및 지자체에 문의하는 것이 가장 확실하다. 관련 법령 및 조례 검토하고, 건축사나 도시계획 전문가와 상담해 구체적인 건축 가능 면적과 절차를 파악하는 것이 좋다.

안성은 성장관리권역과 자연보전권역이 혼재되어 있는 지역이다. 일죽·죽산·삼죽은 거의 대부분 자연보전권역이다. 그래서 지도를 보면 5만 평 이상의 산업단지가 보이지 않는다. 이곳은 공장이나 산업단지가 없기 때문에 일자리가 부족해 상가나 원룸은 어려울 수 있다. 물론 찾아보면 공실 없이 운영되는 곳이 많지만, 이런 지역은 새롭게 진입할 때 주의가 필요하다.

그런데 안성의 서운면과 미양면은 성장관리권역이고, 물이 평택호를 통해 서해로 나가는 지역이다. 이곳은 안성의 제1~4산업단지가 위치해 있다. 제법 규모가 큰 제약업체나 소재·부품·장비(이하 소부장) 업체도 있다. 그런 이유로 규모 있는 기업에 종사하는 직원들이 많아 경기의 영향을 덜 받는다. 이런 지역에 우선적으로 투자하는 것이 좋다. 물론 일죽·죽산·삼죽의 토지도 최근에는 가격이 꽤 올랐다.

규제를 통해 균형 발전을 추구하는 이유는 서울이 너무나 복잡해졌기 때문이다. 이제는 사람이 쾌적한 환경에서 살 수가 없는 지경에 이르렀다. 1960년대부터 급격하게 성장하면서 인구 밀도가 과밀화되어서 그렇다. 그래서 생기는 부작용을 해소하기 위해 사람들을 성장관리권역으로 분산시키려는 것이다.

자연보전권역의 경우 규제가 촘촘하므로 주의가 필요하다. 예를 들어 가평·양평·청평은 남한강과 북한강을 끼고 있는 곳이다. 우리나라는 물이 귀한 나라다. 상수도, 공업용수, 농업용수를 원활히 공급하기 위해서는 수자원이 풍부한 지역은 보전하고 개발을 규제해야 한다. 그래서 남한강과 북한강을 끼고 있는 지역을 자연보전권역으로 묶고, 한 걸음 더 나아가 상수원보호구역으로까지 묶는 것이다. 한마디로 자연보전권역은 규제 일변도다. 여기서 무언가를 개발하려고 하면, 소규모 개발은 가능하겠지만 대규모 개발은 불가능하다. 더불어 이중 규제가 적용되어 공장 총량 제한까지 걸려 있다. 규제가 까다롭기 때문에 토지 투자도 어렵다. 물론 소규모 필지라면 문제가 없지만 수천 평에서 수만 평에 이르는 땅이라면 여러 규제를 안고 있기에 심사숙고해야 한다.

반도체 소부장 산업단지에 주목하라

대기업 공장 주변에만 기회가 있는 것은 아니다

삼성전자가 용인시 이동읍과 남사읍에 세계 최대 반도체 클러스터를 조성하고자 300조 원을 투자한다고 발표했다. 2042년까지 215만 평 규모로 반도체 제조공장 5개를 구축하고 소부장과 팹리스(반도체 설계) 업체 등 최대 150개 기업을 유치하는 웅대한 계획이다. 참 자극적인 이야기다. 이 소식을 듣고 누군가는 투자를 할 것이고, 누군가는 팔 것이다. 누가 잘했고 누가 틀렸다는 말은 아니다. 각자

여건이 다르고 판단이 다를 수 있다. 결과는 나중에 가야 알 것이고, 우리는 의사결정 과정에서 벌어진 일을 모른다.

현장에 있다 보면 자주 듣는 말이 있다. "그때 샀어야 하는데" 하는 말이다. 나 역시 이런 말을 자주 한다. 소심해서 잡지 못한 많은 기회가 지금도 두고두고 아깝게 느껴진다. 세종·천안·아산·평택·용인·화성·안성·진천·음성·강남 등 나는 많은 현장을 거쳤다. 그때마다 많은 기회를 목도했지만, 모든 기회를 잡은 것은 아니다.

물론 과거의 실패로 지금은 많이 달라졌다. 돈을 벌기도 하고 까먹기도 하면서 내면이 단단해졌다. 좀 더 신중해졌고 요령도 생겼다. 평택에 삼성전자 공장이 들어올 때 3년 동안 평택을 누비고 다녔다. 많은 사례를 접했고 더러는 투자를 유치하기도 했다. 그때만 해도 나는 피라미였고 정말 아무것도 몰랐다. 그냥 주워 들은 지식으로 아는 체를 했다. 그래서 자칭 고수라고 하는 이들에게 되레 당하기도 하면서 많은 것을 배웠다.

좋은 투자처를 찾으려면 자신만의 투자 원칙을 세워야 한다. 산업단지, 택지개발지구, 신도시 주변이나 개발 호재가 있어야 한다. 그것도 아니라면 최소한 자신이 잘 아는 지역이어야 한다. 한 가지를 열심히 파다 보면 다른 곳도 눈에 들어오기 마련이다. 처음부터 여러 지역에 있는 다양한 물건을 잡으려 해서는 안 된다. 욕심일 뿐이다.

K-반도체 벨트 토지를 사라

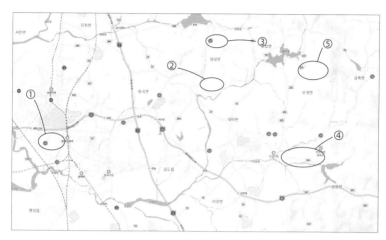

반도체 소부장 산업단지 주변 지도. ①은 삼성전자 평택 공장 아래쪽, ②는 안성테크노밸리 일반산업단지, ③은 용인 첨단시스템반도체 국가산업단지 아래쪽, ④는 동신 일반산업단지, ⑤는 고삼IC 주변이다.

그럼 유망한 물건은 어떻게 찾아야 할까? 예를 들어 삼성전자의 용인시 투자 소식을 듣고 내막이 궁금해져 '용인 첨단시스템반도체 국가산업단지'로 검색을 했다고 가정해보자. 여러 뉴스 기사가 보일 것이다. 중복되는 내용은 제하고 기사를 쭈욱 읽어보자. 다음은 〈동아일보〉 2023년 11월 16일 기사다.

정부가 경기 오산·용인·구리시 등 반도체 클러스터 인근과 서울 인접 지역 6만5000채를 포함해 전국에 8만 채 규모 신도시를 새로 조성한다. 광역교통망이 갖춰졌거나 예정된 교통 요충지에 첨단 산업의 배후 주거지가 될 수 있는 '반도체 신도시'를 조성하고, 서울 인접 신도시로 주택 수요를 분산하는 것이 핵심이다. 다만 기존 신도시 사업도 지연되고 있는 상황에서 실제 공급까지는 시간이 걸리는 데다, 서울의 공급 부족을 해소하기에는 역부족이라는 지적이 나온다.

기사에 따르면 오산·용인·구리·청주·제주에 8만 채의 아파트를 건설한다고 한다. 그럼 우린 어느 땅을 사야 할까? 나는 정부 규제와 시장 상황에 따라 변수가 많은 주택보다는 땅에 더 많은 관심을 가지고 있다. 땅을 볼 때 가장 중요한 것은 주변에 양질의 일자리가 풍부한지 여부다. 오산은 평택의 삼성전자 공장, 용인은 용인 첨단시스템반도체 국가산업단지, 청주는 SK하이닉스 반도체 공장이 있다. 구리는 일자리보다는 한강이 보이는 주거 여건이 좋은 곳이다. 이래서 배경지식이 중요하다.

나만의 투자지도를
그려야 한다

부동산의 가치는 입지가 결정한다. 주변이 어떻게 바뀌는가에 따라서 부동산의 가치는 천차만별이다.

여러 지역 중 다음 기사를 보고 안성시 보개면 동신리 일대에 관심을 갖게 되었다고 가정해보자.

경기도 안성시가 '반도체 소재·부품·장비(소부장) 특화단지' 조성을 위한 지원 사업을 본격화한다. (…) 앞서 안성시의 경우 보개면 동신리 일대 157만m² 규모의 '동신 일반산업단지'가 지난해 7월 반도체 소부장 특화단지로 지정됐다.

〈아시아경제〉 2024년 6월 10일 기사다. 기사에서 언급했듯이 안성시 보개면 동신리 일원은 대규모 동신 일반산업단지가 들어설 예정이다.

관심을 가지게 되었으니 이제 그곳을 방문해야 한다. 방문하기 전에 최대한 관련 정보를 많이 취합해서 가는 것이 좋다. 기사 한두 줄이 아니라, 보다 많은 정보를 추가하고 더해서 깊어져야 한다. 더 이상 알아낼 것이 없을 때까지 진행해야 한다. 전문가 수준으로 설명이 가능해야 하는 것은 아니다. 내 안에서 '이만하면 됐어'라는 확신이 들 때 멈추면 된다.

나는 그랬다. 그래서 이 험한 타지를 나의 터전으로 삼은 것이다. 자신만의 그림이 그려져야 한다. 자신만의 투자지도를 그릴 줄 알아야 한다. 나는 이런 방법을 몰라서 현장에서 길을 잃었고, 많은 시행착오 끝에 이 자리에 섰다. 전문가라고 별반 다르지 않다. 자신만의 원칙으로 계속 앞으로 나아가야 한다. 속도를 높이고 방향을 맞춰야 한다.

반도체 벨트 소부장 산업단지 주변에 기회가 있다는 사실은 이제 알았다. 그래도 막막하다. 남들이 다 유망하다고 생각하는 곳에 가면 이미 늦다. 설거지만 해야 한다. 뭔가 찜찜하다. 왜 그럴까? 자신만의 기준, 즉 투자지도를 그리고 있지 않기 때문이다. 평택 고덕에 삼성전자 호재가 발표되었을 때, 평택항 안중역을 머릿속에 그렸어야 했다. 평택이 올라서 끝물일 때는 용인의 원삼을 찍었어야 했다. 용인 원삼이 반도체 클러스터를 발표했을 때는 안성 보개에 투자했어야 했다.

이제 와서 꿩도 매도 다 놓치고 후회해도 소용이 없다. 나 역시 투자금이 부족해 많이 사지는 못했다. 남들처럼 100억 원, 1천억 원 단위로 투자할 수 없다면 알차게 1억 원, 3억 원, 5억 원, 10억 원 단위로 움직이면 된다.

안성시 보개면 동신 일반산업단지 주변에서 일하면서 많은 것을 배우고 느끼고 있다. 부동산은 우리가 생각하는 것 이상으로 다양한 얼굴을 가지고 있다. 나는 여기서 내가 원하는 꿈을 이룰 것이다. 수용지의 보상만 잘 알아도 한평생 먹고사는 데 지장이 없다. 후술하겠지만 수용과 보상을 이용한 정말 다양한 투자법이 있었다. 나 또

한 현장을 보면서 투자 아이디어를 얻고 실행하려고 많이 노력하고 있다. 당장은 어렵고 막막해 보여도 분명 길은 있다. 돈 벌 기회를 찾기만 하면 된다.

반도체 공장을
짓기 위한 해결과제

반도체 공장의 화두는 단연 '물'이다. 하루 수십만 톤의 물이 반도체 생산 공정에 투입되기 때문이다. 반도체 업체는 공업용수에서 불순물을 제거한 '초순수(初純水)'를 공정에 투입한다. 초순수는 웨이퍼와 반도체를 씻는 세정이나 웨이퍼를 깎는 식각 공정에 활용된다. 반도체는 '마이크로미터' 단위의 불순물에도 민감하게 반응하기 때문에 수율을 높이는 데 깨끗한 물이 필수다.

'물은 생명이다'라는 표어가 생각난다. 국내 반도체 공장의 물 사용량은 공장당 수십만 톤 규모에 달한다. 삼성전자, SK하이닉스의 주요 생산 공장은 하루 10만 톤 이상의 공업용수를 쓰고 있는 것으

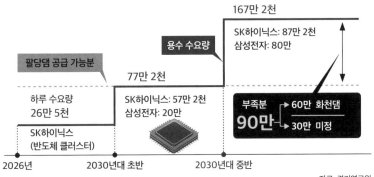

| 용인 반도체 벨트 공업용수 수요량 및 부족량 |

(단위: 톤)

로 알려졌다. 문제는 K-반도체 벨트를 형성하면서 10년 뒤에는 물이 부족할 수도 있다는 점이다.

다음은 〈한국경제〉 2024년 9월 5일 기사다.

2030년대 중반까지 총 480조 원이 투입되는 초대형 프로젝트인 경기 용인 반도체 메가클러스터에 공업용수 부족 사태가 빚어질 수 있다는 경고가 나왔다. 모든 공장이 본격적으로 가동되는 2035년 이후 하루 170만t의 물이 필요한데, 현재 확보 가능한 용량은 고작 77만t에 불과하다는 것이다. 전문가들은 100t에 달하는 물을 추가로 공급하기 위해선 경기도뿐만 아니라 서울시, 인천시 등 인근 광역단체와 환경부, 농림축산식품부 등 관련 부처가 함께 머리를 맞대야 한다고 입을 모은다.

여러 지역의 한강 유역을 사용해야 하는 만큼 수도권 지방자치단체 간 협력이 필수적인 상황이다.

물 없이는 반도체도 없다

투자를 하면서 간과하는 게 많다. 반도체 공장은 아무데나 지을 수 없다. 공장을 짓기 위해선 정치적·경제적·환경적 지형을 검토하고, 주민·인구 등 여러 관점에서 많은 부분이 조정되어야 한다. 전기 사용 문제나 공업용수 배수로를 해결하기 위해서도 막대한 자금과 인프라, 주민 동의가 필요하다.

평택 삼성전자 공장에 전기를 공급하는 문제도 그렇다. 삼성전자는 2023년 10여 년 만에 고덕~서안성 송전선로를 준공했다. 주민 반대로 갈등을 겪은 지 10년 만으로, 당초 계획보다 2년 늦은 '지각 준공'이다. 이로써 평택 삼성전자 공장은 전력난 우려에서 벗어났다.

경기 용인 원삼면 일대에 448만㎡(약 135만 평) 부지에 120조 원을 들여 4개 반도체 공장을 짓는 SK하이닉스도 비슷한 고충을 겪고 있다. 이번엔 전기가 아니라 '물 전쟁'이다. SK하이닉스와 용인시는 물 확보 방안 중 하나로 하루 26만 톤 규모의 공업용수를 팔당 상수원에서 하남을 거쳐 용인까지 끌어오는 방안을 검토했지만 하남시로부터 공식 반대 의견을 받았다. 주변 지자체와 주민들의 거센 반대가 원인이다. 물론 지금은 해결되었다.

첨단 정화시설을 거쳐 사용된 물을 버리는 것도 쉽지 않다. SK하이닉스 측은 "방류수가 흘러드는 하천은 천연기념물 수달이 서식할 정도로 1급수와 다름없다"고 강조하지만 주민들은 의구심을 거두지 못했다. SK하이닉스는 용인 공장의 방류수를 안성천에 보낼 계획이었지만 안성 시민들의 반대로 확정을 못 짓고 있다.

삼성전자의 요청을 받은 평택시도 주변 지자체의 민원 가능성을 걱정하고 있다. 평택시는 약 100km 떨어진 충주댐에서 물을 가져오는 방안을 검토했지만, 10조 원 규모의 공사비와 여러 지자체 (충북 음성, 경기 안성 등)에 송수관을 매설해야 하는 등 현실적인 문제로 계획을 접었다. 대신 인근 오성강 하천 주변에 약 5,500억 원을 들여 정수장을 짓는 방안을 유력하게 논의 중이다. 평택시는 삼성전자에서 공사비용을 받은 뒤 사후 물값을 정산하는 방안을 검토하고 있다.

반도체 공장을 건설하기 위해서 가장 중요한 것은 물과 전기다. 이 점을 알아야 투자할 곳이 어디인지 알 수 있다.

이천 부발 SK하이닉스
폐수처리시설의 현재

경기도 이천시 부발읍을 가로지르는 7.8km 길이의 죽당천 상류를 따라 걸으면 잡념이 씻겨 사라지는 기분이 든다. 이렇게 맑은 물이 SK하이닉스 이천캠퍼스에서 방출되는 방류수, 다시 말해 공장 폐수에서 비롯된 물이라는 사실이 믿기지 않았다. 약 200m 떨어진 공장 방류구에서는 방류수가 쉴 새 없이 흘러나오고 있었다. 더욱 믿기지 않는 사실은 과거에는 이곳이 건천, 즉 조금만 가물어도 쉽게 마르는 하천이었다는 점이다.

SK하이닉스 자료에 따르면 1984년 이천캠퍼스 설립 이후 방류수가 흐르면서 죽당천 수량이 지금처럼 늘었다고 한다. 단순히 수량만 늘어난 것이 아니다. 이곳에서 살아가는 생명체도 늘었다. 수량이 늘면서 수생태계가 갖춰진 것이다.

국내 최초 반도체 전문 산업단지인 용인반도체클러스터는 경기 용인시 처인구 원삼면 일대에 조성되는 차세대 메모리 반도체 생산기지다. 2023년 6월, 부지 조성 작업을 시작으로 사업이 본격화되었다. SK하이닉스는 120조 원을 투자해 반도체 공장 4개를 짓는다. 이 밖에 소부장 기업 50여 곳이 클러스터에 함께 위치하게 된다. 용인반도체클러스터의 방류수는 안성시 한천과 안성천으로 흘러들어간다. SK하이닉스는 이곳 방류수의 철저한 관리도 계획 중이다. 2021년부터 SK하이닉스는 지역 주민, 전문가와 함께 안성천의 생태계를 관찰하고 있다. 올해부터는 이천캠퍼스의 경험을 토대로 본격적으로 생태 변화를 데이터화해 수집 중이다. 6년 이상의 중장기 프로젝트로 진행한다는 계획이다.

SK하이닉스는 현재는 건천인 안성천이 방류수를 통해 생태계가 복원될 것이라 기대하고 있다. 용인반도체클러스터에 적용하기 위해 폐수 관리 관련 연구도 지속해서 진행하고 있다. 이천캠퍼스의 폐수 처리 노하우를 용인에도 그대로 옮겨 물 안정성을 도모하고, 주민과 소통하면서 지역 사회와 협력하는 것이 최종 목표다.

사실 대기업이든 정부든 이런 발표를 곧이곧대로 믿을 수는 없다. 가습기 살균제 사망사건처럼 대기업의 횡포로 직간접적으로 피해를 본 사례가 많다. 문제가 터진다고 정부가 나서서 명쾌하게 해결해주는 것도 아니다. 문제가 생겨도 외국 기업과 대기업은 면죄부를 받곤 한다. 그렇기에 지역 주민의 관심과 제지가 필요하고, 공신력 있는 기관에서 개발 과정을 점검하고, 철저한 사후 검증도 필요하다. 지역민이 민원만 제기한다고 비판할 것이 아니라, 국민이 신뢰할 수 있는 조치를 정부가 해야 한다.

내가 이야기를 하려는 것은 반도체 공장에서 정화·정수 처리를 거친 물이 깨끗하냐 아니냐의 문제가 아니다. 토지 가격에 영향을 미치는 요인이 무엇인지 봐야 한다는 것이다. 이천 부발의 유망함은 차치하더라도, 안성 고삼저수지 물을 쓰고 있는 주변 토지들의 운명에 관심을 기울여야 한다.

고속도로 고삼IC가 뚫리고 용인반도체클러스터에서 SK하이닉스가 반도체를 생산하면 과연 그곳의 토지들의 운명은 어떻게 될 것인가? 여전히 농지로 남아 있을까? 현재 그곳에서 나오는 작물은 친환경 농산물로 취급되어 학교 급식에 납품되고 있다. 반도체 공장이 지어지면 더 이상 납품이 어렵지는 않을까? 그렇다면 규제를 풀어서 과감하게 개발을 할 수도 있다. 토지 투자자는 이 부분에 주목해야 한다.

이런 이유로 나는 안성시 고삼면 대갈리·신창리 농지에 여러 건 투자를 진행했다. 미래를 장담하기는 어렵지만 인과관계가 명확하니 투자를 하는 것이다. 그냥 손 놓고 바라만 본다면 아무것도 얻을 수 없다. 2024년 말, 이 글을 쓰고 있는 현재도 그곳의 땅값은 자고 나면 오른다. 주변을 보면 답을 찾을 수 있다. 반도체 관련 납품 업체들이 하나둘 둥지를 틀고 있다.

이천 부발, 용인 기흥, 화성 동탄, 평택, 용인 처인구 원삼면·백암면·이동읍·남사읍, 청주 등을 중심으로 반도체 공장이 있는 지역을 눈여겨봐야 한다. 이 중에서 용인 원삼면·백암면·이동읍·남사읍을 중심으로 안성의 양성면·대덕면·고삼면·보개면를 살펴봐야 한다.

       K-반도체 벨트 토지를 사라

앞으로 미래의 먹거리는 이곳에서 만들어진다고 본다.

이 책의 제목은 『K-반도체 벨트 토지를 사라』다. 왜 많은 지역 중에서 반도체 클러스터 주변을 꼽았을까? 이유는 단순하다. 사람이 모이는 곳이기 때문이다. 고소득 일자리가 넘치는 곳이기 때문이다. 급여 수준이 높으니 당연히 주거나 상업활동에도 소비 여력이 높다.

나는 지금도 피부로 체감하고 있다. 점점 토지 가격이 오르고 있고, 좋은 땅은 찾기가 어렵다. 3년 전만 해도 2차선 계획관리지역 토지가 평당 150만 원이었는데, 현재는 3~4배는 올랐다. 이제는 매물이 없다. 점점 더 그런 현상이 심해질 것이다. 중심부에서 외곽으로 토지 가격은 확산된다. 과거의 가격에 매몰되지 말고 앞으로의 전망을 정확히 내다봐야 투자를 결정할 수 있다.

2차선 접한 토지가
유망한 이유

대갈리 농가주택과
비닐하우스를 매수한 이유

투자를 시작할 때는 자신이 잘 아는 지역을 먼저 고려해야 한다. 그 이유는 기본적으로 지역에 대한 이해도와 분석이 뛰어나기 때문이다. 임차인의 특징, 지역의 장단점, 교육 여건, 문화시설, 병원, 삶의 질 등 모든 내용을 잘 알고 있다. 임장의 수고를 덜 수 있고, 몰라서 생기는 투자 리스크를 줄일 수 있다. 10년 이상 그 지역에 살았다면 모르는 게 없을 정도다. 이런 장점을 최대한 활용해서 투자에 활

2차선과 접한 고삼면 대갈리 농지

용하는 것이 좋다.

안성시 고삼면 대갈리 농지에 투자한 이유는 잘될 것이라는 나만의 감이 있었기 때문이다. 과거 나는 이곳 창고에서 동생과 회사를 운영했었다. 그때도 생각은 같았다. 이곳은 입지가 너무 좋은데 이상하게 땅값은 잘 오르지 않는다고 생각했다. 2020년부터 안성에도 바람이 불었다. 가장 큰 이유는 서울세종 고속도로와 용인반도체 클러스터가 안성시 주변에 들어섰기 때문이다.

사실 이런 개발계획은 10년 전부터 세워진 것이다. 첫 삽을 뜨고 주변이 변화되기 시작할 조짐이 보이면 그제야 땅값은 움직인다. 이런 정보를 알고 있어도 그냥 한두 번 인터넷을 뒤져보고 내 일이 아니라고 무시하는 사람이 많다. 그래서 기회는 부지런한 자에게 온다.

안성시 고삼면 대갈리의 들판은 대부분 농업진흥구역으로 지정된 농사를 짓는 곳이다. 쌀을 재배하거나 과수원, 축사가 혼재해 있는 곳이다. 이곳의 지리적인 특성은 서쪽으로는 화훼 단지로 유명한 용인시 처인구 남사면이 자리하고 있고, 서북쪽으로 이동면이 자리하고 있다. 이동면과 남사면은 용인 첨단시스템반도체 국가산업단지, 즉 삼성전자가 300조 원을 투자하는 곳이다. 직선거리로 10km 정도이니 차로는 15분 거리에 있다.

이 지역 위로는 용인반도체클러스터, 즉 SK하이닉스 반도체 공장의 공사가 한창이다. 기초공사가 완료되고 건물이 들어오는 2027년에는 주변으로 인구가 폭발적으로 늘어날 것이다. 인구가 늘어나면 자연스럽게 상업적인 행위들이 일어난다. 그중 고삼저수지는 경치도 뛰어나고 거리도 가까워 자연스럽게 휴양지의 기능이 추가될 것이다. 그 아래에 있는 것이 바로 대갈리다.

앞으로 더 이상 고삼면 대갈리는 1차산업인 농업이 활발히 이뤄질 수 없는 곳이다. 반도체 공장의 영향으로 저수지는 공업용수로 쓰이거나 휴양지의 기능밖에 남지 않는다. 대갈리 땅의 운명은 어떨까? 주변 농지는 공장, 창고, 상업 용지, 아파트 용지로 바뀔 것이다. 우리는 그 부분을 내다보고 투자를 했고 지금도 이어가고 있다.

K-반도체 벨트 토지를 사라

대갈리의 농가주택은 우연히 시장에 나온 매물이다. 전직 이장을 통해서 토지를 소개받고 고객에게 투자를 유치했다. 처음에 이 매물을 봤을 때는 심란했다. 집은 오래되었고, 난방이나 물은 지하수를 끌어다 쓰고 있었다. 겨울에 지하수에 문제가 생겨서 펌프를 교체하고 수리를 해야 했다. 뒤로는 비닐하우스가 800평 있었는데 다 낡아서 비닐하우스의 기능은 하지 못했다. 철거비용을 물어보니 1,500만 원이 든다고 했다. 안에는 농사에 쓰다가 방치된 기계들이 널브러져 있었다.

임대를 놓기 위해 농가주택은 보일러와 장판, 벽지, 수도, 화장실 등을 수리했다. 견적은 300만 원이 넘게 나왔다. 철거하는 비용도 내가 120만 원을 보탰다. 해당 투자자가 다른 물건도 샀기 때문에 그 정도는 서비스로 해줬다. 보증금 300만 원, 월세 75만 원에 비닐하우스 800평을 쓰는 조건으로 임대를 맞추었다. 지금은 외국인들이 필요로 하는 채소를 키워서 마트에 판매한다고 한다. 제법 잘되는지 비닐하우스를 전부 수리하고, 몇 대의 차량과 사람들이 수시로 드나드는 괜찮은 곳이 되었다.

그곳에 임차 중인 임차인이 해당 토지를 사고 싶다고 제안했다. 그만큼 메리트가 있다는 뜻이다. 2차선 주변 농업진흥구역은 언제든 관심을 가져야 한다. 무주택 농민이라면 자기 집을 세제 혜택을 받고 지을 수 있다. 5년만 사용하면 세제 혜택을 도로 토해낼 걱정도 없다. 2차선 주변은 화훼나 다육이를 재배하거나, 다른 농산물을 가공하는 사업, 농기계 수리점 등이 들어올 수 있는 곳이다. 즉 토지로서의 가치가 높다. 땅을 사고팔고 시세차익만 누리는 것이 아니라, 장기간 임대수익을 기대할 수 있다.

물론 이런 땅을 찾기 위해서는 해당 지역의 미래를 예측해야 한다. 주변에 들어오는 산업단지나 택지개발, 교통 관련 시설 등을 끊임없이 분석하면서 꿰고 있어야 한다. 많은 돈을 투자하면서 부동산 공인중개사의 말만 믿어서는 곤란하다. 자신만의 주관과 판단능력이 있어야 한다.

지금이라도 대갈리에 투자하고 싶다면 나는 적극적으로 추천한다. 아직도 미래 가치 대비 저평가된 곳이라고 생각한다. 이곳의 미래는 너무나 밝다. 10년 전에도, 3년 전에도 그랬다. 지금도 생각은 달라지지 않았다.

투자하고 방치할 것이 아니라 땅에 꾸준히 관심을 기울여야 한다. 대부분의 투자자는 사고 나면 잊고 산다. 자신의 땅이 어디에 있는지 몰라서 때때로 공인중개사에게 물어보는 경우도 있다. 그만큼 관심이 없다. 물론 돈이 아주 많아서 신경을 쓰지 않는 투자자도 있겠지만 대개는 '언젠간 오르겠지' 하는 마음으로 그냥 묻어두는 경우가 많다.

조경수를 판매하는
농지를 매수한 이유

2차선 주변에 조경수를 판매하는 농지를 발견했다. 농지의 토지주는 나하고도 인연이 있는 사람이다. 조경용 묘목을 가꾸고 있는데, 빽빽한 묘목을 보면서 '이게 사업성이 있을까?' 하는 의문을 갖고 있었다.

동생이 고향에서 묘목 사업장에서 일하고 있어서 물어보니, 일은 고되지만 짧은 기간에 소득이 많다고 했다. 지금 시골 사람들은 연세들이 드셔서 아무도 농사를 지으려고 하지 않는다. 그 틈새를 조경 사업자들이 노려 저렴한 임대료로 많은 소득을 올리고 있다. 내 고향 어머니 땅도 묘목업자에게 임대를 준 바 있다. 570평인데 1년 임대료가 90만 원이다. 땅을 사서 묘목 사업을 한다면 투자비 대비 수익률은 떨어지겠지만, 저렴한 임대료를 누릴 수 있다면 수익률을 높일 수 있다. 어머니 땅 570평도 1년에 잘하면 3천만~4천만 원 수익이 나온다고 하니 웬만한 중소기업 직장인 연봉을 버는 셈이다.

물론 꽃길만 있는 것은 아니다. 묘목 가격이 떨어지거나 기온 변화로 묘목이 죽는 경우도 있다. 당연히 모든 사업은 손실도 각오를 해야 한다. 묘목 사업을 하려면 자격증도 있어야 하고, 지식도 갖추고 있어야 한다. 땅을 사서 이 사업을 영위할 계획이라면 경기권역

2차선과 접한 죽산면 농지

2차선 접한 농업진흥구역 농지가 좋다. 가격이 비싸지 않아서 나중에 땅 가격 상승으로 큰 수익을 올릴 수 있다. 대출로 땅을 샀다면 이자는 사업으로 벌면 되는 것이다.

앞서 언급한 죽산면 토지주도 그렇게 묘목으로 돈을 벌고, 땅 가격이 상승해 돈을 벌면서 수도권에 아파트만 2채를 보유하게 되었다. 어디든 틈새시장은 있다. 물론 내가 이렇게 이야기를 해도 실천하는 사람은 채 3%도 되지 않을 것이다. 그럼에도 나는 그 3%를 위해 좋은 정보를 계속해서 알려주려고 한다.

일반산업단지 말고
반도체 벨트에 투자하라

전국 산업단지 현황지도를 보면 일자리가 풍부한 곳은 경기 남부와 충청남도, 충청북도로 보인다. 그다음은 부산, 울산, 경남의 동쪽이다.

이것만 봐도 투자할 곳이 보인다. 물론 경기도 성남시 판교 등도 고급 일자리가 많은 지역이다. 하지만 지금은 땅을 살 수 없을 만큼 가격이 높고 매물이 귀하다. 여러분이 토지에 대해 아무것도 모르고 어디를 사야 할지 모르겠다면, 이 지도를 기준으로 임장을 다니고 공부할 것을 권한다.

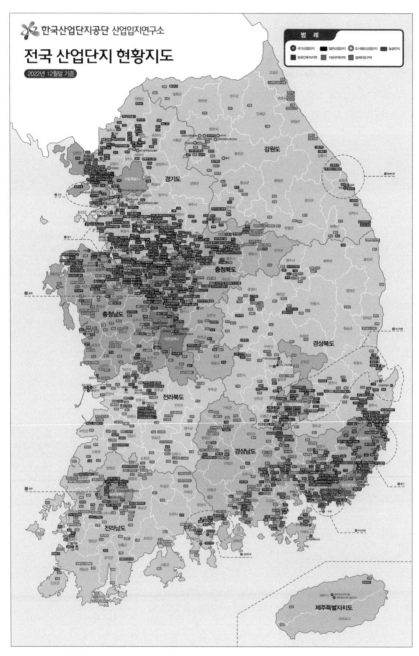

전국 산업단지 현황지도 (자료: 한국산업단지공단)

여러 측면에서 일반적인 산업단지와 반도체 클러스터의 일자리는 차이점이 많다. 일반적인 산업단지 주변은 외국인 노동자가 대부분이다. 공정 자체가 단순 가공·조립이다 보니 웬만한 지방 공장에는 대략 80~90%의 외국인 인력이 상주하고 있다. 그들은 임금도 최저임금 수준으로 낮아서 한국에서는 소비를 거의 못한다. 번 돈을 자국으로 송금하므로 소비 여력이 거의 없다. 그래서 일반산업단지 주변은 원룸이나 편의점, 조그만 소매점, 외국인을 상대로 하는 업종이 대부분이다. 매출이 크지 않고 성장하는 산업도 아니다. 대표적으로 진천·음성 등이 소규모 생계형 업종이 많다.

반면 청주나 오창만 해도 SK하이닉스, LG에너지솔루션, LG화학 등이 있어 소득 수준이 높다. 반도체, 제약, 바이오, 2차전지 등의 업종이 많아서 소득 수준이 높다. 해당 지역은 상권도 다르다. 고급 음식점, 골프장, 리조트, 호텔, 휴양시설 등 고소득층을 대상으로 하는 업종이 자리하고 있다. 아파트도 고가의 아파트의 거래가 활발하며, 가격의 하방경직성이 뛰어나다. 즉 떨어질 때는 적게 떨어지고 오를 때는 많이 오른다.

일반산업단지는 지역 경제 활성화, 다양한 산업의 성장, 고용 창출 등 광범위한 경제적 영향을 미친다. 다양한 산업이 균형 있게 발전하도록 돕는다. 반도체 클러스터 산업단지는 국가적인 차원에서 반도체 산업의 경쟁력 강화, 기술 혁신 촉진, 글로벌 반도체 시장에서의 우위 확보 등을 위해 특정 산업에 집중하도록 지원한다. 반도체 산업의 성장을 통한 고부가 가치 창출을 목표로 한다.

이와 같이 일반산업단지와 반도체 클러스터 산업단지는 그 목적이 다르다. 인프라, 입주 기업의 유형, 입지 선정 기준, 경제적 영향 면에서 뚜렷한 차이가 있다. 물론 절대적인 정답은 없다. "나는 일반산업단지 주변에 투자해서 큰돈을 벌었는데 무슨 소리냐?"라고 말한다면 할 말은 없다. 대부분이 그렇다는 뜻이지 특수한 상황을 이야기하면 어렵다.

반도체에 사활을 건 대한민국

"묻고 더블로 가!"라는 유행어가 있다. 민심을 잡기 위한 여야의 불붙은 반도체 지원 경쟁으로 인해 우리나라는 지각 변동 중이다. 전 세계는 현재 AI로 혁신적인 변화의 바람이 불고 있다. 어느새 엔비디아는 전 세계 시총 1~2위를 다투고 있다. 마이크로소프트가 윈도우로 컴퓨터 시대를 주도했다면 세계는 지금 확실한 AI의 시대다.

나만 해도 알게 모르게 챗GPT로 집필에 많은 도움을 받고 있다. 과거에는 구글, 네이버와 같은 검색엔진을 이용했다면 지금은 AI로 궁금한 점을 묻는다. AI의 근간이 되는 것이 바로 엔비디아의 GPU 다. 미국은 중국에 엔비디아의 H100, H200 제품의 수출을 막은 바 있다. 그만큼 AI는 중요한 전략 자원이 되었다. 과거에는 인터넷, 휴대폰, 컴퓨터가 혁신의 아이콘이었다면 이제는 AI로 대체되고 있다. 세상이 이렇다 보니 과거의 영광을 이끈 중후장대 공업들은 사양산업이 되고 있다. 대부분은 자동화된 로봇과 인공지능 AI로 교체될 것이다.

이러한 혁신의 최선두에 있는 것이 대만의 TSMC와 한국의 SK 하이닉스, 삼성전자, 미국의 마이크론 테크놀로지다. 그 중심에 있는 것이 오픈AI와 엔비디아다. 이들의 중요성을 이야기하는 것은 이제 입만 아픈 일이다. 한국의 반도체 산업은 HBM, 낸드플래시 메모리, 소부장 중심이다. 관련 기업이 위치한 지역을 보면 어디에 투자해야 하는지 보일 것이다.

반도체 클러스터 주변 토지에 대한 투자가 매력적인 이유는 5가지로 정리할 수 있다.

1. 높은 수익성

반도체 클러스터가 조성되면 관련 기업과 협력 업체 종사자들이 밀집하게 된다. 주변 토지의 수요는 급격히 증가하고, 토지의 가치는 상승한다. 정부와 민간의 대규모 인프라 개발(도로, 철도, 통신망 등)

로 인해 지역의 접근성과 생활 편의성이 향상되어 토지의 가치가 더욱 상승할 수 있다.

2. 안정적인 투자처

반도체 산업은 국가 전략 산업으로 정부의 지원과 정책적 뒷받침을 받는다. 그래서 안정적인 투자처로 평가된다. 정부의 지속적인 지원과 규제 완화가 이뤄지면 투자 리스크는 줄어든다. 반도체 산업은 장기적인 성장 전망이 밝아 반도체 클러스터 토지 또한 비교적 안정적이며 지속가능한 수익을 기대할 수 있다.

3. 경제 활성화와 고용 창출

반도체 클러스터가 형성되면 지역 경제가 활성화되고 인구 밀집도가 올라간다. 이는 토지에 대한 수요를 높이고, 부동산 가격 상승을 촉진한다. 주거 수요와 상업활동을 증가시켜서 토지 가치에 긍정적인 영향을 미친다.

4. 다양한 개발 가능성

반도체 클러스터 주변 토지는 주거 단지, 상업지구, 오피스 공간 등 다양한 용도로 개발될 수 있는 잠재력이 크다. 투자자로 하여금 다양한 개발 옵션을 제공해 수익 창출의 기회를 넓혀준다. 첨단산업단지, 반도체 클러스터 관련 연구소, 교육기관, 스타트업 인큐베이터 등이 들어설 수 있다.

.

5. 미래 성장 동력

반도체 벨트는 혁신과 기술 발전의 중심지로, 지속적인 연구 개발과 첨단기술의 집약지 역할을 한다. 이는 장기적으로 해당 지역의 경쟁력을 높이고, 토지 가치 상승에 기여한다. 글로벌 경쟁력 강화, 글로벌 반도체 시장에서 경쟁력을 갖춘 클러스터 주변 지역은 국제적인 투자 유치와 함께 더욱 발전할 가능성이 크다.

이러한 이유로 반도체 클러스터 토지는 장기적으로 높은 수익을 기대할 수 있는 투자처로 평가된다.

반도체 벨트
투자 타이밍

삼성전자가 있는 평택시 고덕면과 SK하이닉스가 들어오는 용인시 원삼면의 토지 가격을 비교해보면, 새롭게 개발되는 지역의 가격 변화를 예측해볼 수 있다. 삼성전자 공장이 위치한 평택은 현재 제3공장을 건설하고 있다. 해당 단계에서 주변 토지는 입지에 따라 적게는 평당 200만 원에서, 많게는 평당 1,100만 원 정도에 거래되었다. 막연히 "얼마 한다더라" 하는 소문만 듣지 말고 직접 현장에서 발품을 팔거나, 아니면 인터넷으로 검색만 해봐도 실거래가를 알 수 있다.

땅 가격을 파악하기 어려운 이유는 입지에 따라 값어치가 천차

K-반도체 벨트 토지를 사라

용인시 처인구 원삼면 반도체 공장 공사 현장

만별이기 때문이다. 또 매도자의 상황과 매수자의 협상력에 따라 변수가 크기 때문에 일률적으로 값을 책정하기 어렵다. 그래서 이렇게 지역이 다른데 반도체 공장이 들어선다는 공통점 하나만으로 가격 비교를 하는 것도 맞는 방법은 아니다. 그저 주먹구구식으로 가늠하지 말고 최소한의 기준은 세우고 값을 예측하라는 의미다.

사진은 2024년 7월 용인 처인구 원삼면 반도체 공장 공사 현상이다. 기초공사가 한창이다. 우려와는 달리 계획대로 공사는 잘 진행되고 있다. 공업용수를 인입하는 공사도 백암면에서 잘 진행되고 있다.

SK하이닉스가 들어오는 용인시 처인구 원삼면은 평당 130만

~1,300만 원대로 평택 고덕과 비슷하다. 물론 입지가 같다고 볼 수는 없다. 원삼면은 토지거래허가구역으로 묶여 있어서 3년 동안 토지 거래를 하지 못했다. 2023년 10월부터 토지거래허가구역이 풀렸다.

반도체 벨트 주변이 좋은 이유는 단순히 고급 일자리가 많아서가 아니다. 인구가 늘어나고 인프라가 좋아지기 때문이다. 교통이 좋아지고 교육시설과 병원이 들어선다. 평택의 고덕국제신도시를 보면 알 수 있다. 과거에는 수원 영통, 광교가 그랬고, 이천 부발이 그랬다. 용인의 남사와 이동도 그런 도시로 성장하지 않을까 싶다. 2023년 11월, 국토교통부는 용인 처인구 이동에 228만m²(약 69만 평) 규모에 달하는 택지 개발을 천명했다. 1만 6천 가구가 들어서는 신도시가 조성된다. 이것이 우연일까?

우리는 삼성전자와 SK하이닉스, 그리고 반도체 소부장 업체가 들어서는 지역에 주목해야 한다. 내 공인중개사무소는 SK하이닉스가 반도체 공장을 짓고 있는 용인시 원삼면에서 대략 5km 떨어진 안성시 보개면 동평리에 위치해 있다. 그곳에 자리를 잡은 이유는 용인반도체클러스터가 들어오면서 그곳이 토지거래허가구역으로 묶였기 때문이다. 이러한 이유로 안성시의 북부 지역인 보개면·고삼면·삼죽면의 토지가 향후 활발하게 거래될 것이라고 예측했다.

만약 평택이 좋다고 평택에만 머물렀다면 지금과 같은 성과는

K-반도체 벨트 토지를 사라

어려웠을 것이다. 다른 투자도 마찬가지다. 어느 지역이 좋다는 것은 특정 타이밍에 유효한 판단일 뿐이다. 저렴한 가격에 매수해서 어느 정도 수익을 얻었다면 갈아타기를 잘해야 한다. 영원한 것은 없다. 아무리 삼성전자의 주식이 많이 올라도 목표로 한 주가와 수익률에 도달했다면 매도 타이밍을 가늠해야 한다. 그렇지 않으면 결국에는 다시 매수가까지 회귀하게 된다.

토지라고 영원히 우상향하는 상품은 아니다. 하락과 상승을 반복하면서 움직이는 투자상품일 뿐이다. 물론 건축을 해서 임대료를 받을 목적이라면 장기 보유도 가능하지만, 언제든 위기는 올 수 있다. 1997년 IMF 외환위기, 2008년 글로벌 금융위기, 2020년 코로나19 팬데믹 등 우리가 예측하지 못한 위기는 언제든 올 수 있다. 상승기에 잘 버티다가 하락기에 접어들거나 일시적으로 원금 손실이 생기면 심리적으로 버티지 못하는 경우가 대부분이다.

반도체 클러스터 토지를 저점에서 잘 잡았다면 말 그대로 물 들어올 때 노를 저어야 한다. 현장에서 오랜 경험 끝에 얻은 결론이다. 앞으로 관련 투자 사례를 쭉 후술할 것이다. 사례들을 참고하면서 적절한 타이밍에 매도하는 것이 좋다. 매수 협상을 잘하는 사람, 얽힌 문제를 잘 해결하는 사람, 매도를 좋은 타이밍에 잘하는 사람 등 투자자는 저마다의 장점이 있다. 하지만 이 모두를 종합적으로 잘하는 투자자는 찾기 어렵다.

언제 투자해야
하는가?

반도체 벨트 토지 투자 시기는 여러 요소에 따라 달라질 수 있다. 일반적으로 다음과 같은 요소들을 고려해야 한다.

1. 인프라 개발 상황 확인하기

반도체 클러스터 주변에 필요한 인프라(도로, 전력, 물 등)가 얼마나 발전하고 있는지를 확인해야 한다. 인프라가 완비되면 가치가 높아진다.

2. 해당 산업의 성장 전망하기

반도체 산업이 미래 먹거리로 향후에도 지속적으로 발전할 가능성이 있는지를 평가해야 한다. 반도체 산업의 성장이 예상되면 반도체 공장이 있는 지역의 부동산도 가치가 증가할 수 있다.

3. 규제 및 정책 확인하기

해당 지역의 토지 사용 규제나 정부 정책 변화에 따른 영향을 고려해야 한다. 또 정부의 지원 정책이나 세제 혜택 등도 투자 시기에 영향을 미칠 수 있다.

K-반도체 벨트 토지를 사라

4. 시장 상황 점검하기

현재 시장의 토지 가격 추이와 경제 상황을 분석해서 투자 타이밍을 결정해야 한다. 가격이 낮을 때 구매하는 것이 유리할 수 있지만, 호재가 이어지면서 가격이 급등할 수 있어 가격이 조금 높더라도 진입하는 게 유효할 수 있다.

5. 자신의 금융 상황

투자 가능한 자금 상황과 금융 시장의 전반적인 상황을 고려해서 투자 시점을 결정해야 한다. 2025년 초 기준으로 개인적으로 현재는 투자를 하기에는 금리가 높다고 생각한다. 미 연준이 금리를 인하한다는 시그널을 주면 그때 움직여야 한다.

지금은 토지 투자를 하기에는 현장의 상황이 너무 좋지 않다. 물론 항상 환경이 좋으면 너 나 할 것 없이 투자를 하려고 달려들기 때문에 좋은 매물을 구할 수 없다. 이건 딜레마다. 그런데 시황이 나빠도 현금을 가지고 때를 기다리고 있었다면 위기가 기회일 수 있다. 투자에서 이기는 사람들은 대부분 어려운 시기를 잘 넘긴 사람들이다. 조금 좋다고, 조금 나쁘다고 일희일비하지 않는다. 버티는 자만이 달콤한 과실을 얻는다. 지금이 어렵다고 좋은 토지들을 덜렁 팔아버리면 나중에 먹을 것이 없다. 지금 어려워도 무조건 버티고, 돈이 있다면 좋은 급매를 줍자. 상황이 달라져 불안이 기대로 바뀌면 조용한 현장에 물 들어올 날이 온다.

청개구리가 되어야 한다. 남들이 가지 않는 곳에 꽃길이 있다. 나도 이런 상황에서 투자를 하고 기회를 잡기 위해 무던히 애쓰고 있다. 다른 공인중개사무소는 다 떠난 현장에서 묵묵히 견디면서 책을 쓰고 강의를 하면서 기다리고 있다. 난 기회를 잡는 강태공이다. 대어를 낚으려면 이런 것은 아무것도 아니다. 두려움을 이겨내려 한다. 2025년부터 큰 기회가 올 것이다. 반드시 올 것이다. 그때까지는 기회를 잡기 위해 견뎌야 한다.

화성·평택·용인·안성에
기회가 있다

반도체 공장의
입지 분석하기

　수원 기흥, 화성 동탄, 평택 고덕, 이천 부발, 청주에 삼성전자와 SK하이닉스 공장이 위치해 있다. 흔히 경기 남부권을 '반도체 남방 한계선'이라고 부르는데, 평택과 용인 아래쪽으로 공장들이 내려가려고 하지 않기 때문이다. 예를 들어 SK하이닉스는 청주에 공장이 있는데 왜 그 주변에 공장을 짓지 않고 용인 원삼에 다음 공장을 짓고 있는 걸까? 그 이유는 수도권 대학의 반도체 관련 학과 학생들은 반도체 남방한계선 아래에 있는 공장으로는 취직을 고려하지 않기 때문이다.

반도체 남방한계선 아래에 공장을 짓는다고 해서 지원율이 떨어지는 것이 명명백백 밝혀진 사실은 아니다. 취준생이나 근무하고 있는 근로자를 설문조사하지 않는 이상 알 수 없는 일이다. 다만 굳이 조사할 필요가 없는 것이 근무할 지역의 여건이 열악하면 당연히 직원을 뽑기 힘들 수밖에 없다. 또 기껏 뽑은 직원도 수도권의 다른 직장으로 떠날 수 있어 비용적인 측면에서 손해가 생긴다.

나도 서울에 살고 있는데 집사람과 아이들은 도무지 서울을 벗어나려 하지 않는다. 물론 태어난 곳이 서울이고 대학까지 서울에서 다니고 있으니 그럴 만하다. 그런데 나 역시 나이가 들어갈수록 서울을 떠나고 싶은 생각이 사라진다. 직장 문제로 가족을 모두 데리고 지방에 가서 살라고 하면 누가 좋아하겠는가? 세종시로 정부청사를 옮기는 과정에서 얼마나 많은 공무원이 반대하고 나섰는가? 일반 회사라고 해서 별반 다를 바 없다.

서울과 경기도는 우리나라 인구의 절반이 몰려 있는 곳이다. 그렇다면 부동산 투자도 인구가 모여 있는 서울과 경기 지역이 답일 것이다. 나는 충북 진천과 음성에서 일한 경험이 있다. 직접 경험해보니 확실하게 알게 되었다. 충북의 토지들은 거래가 활발하지 못하다. 4개월 동안 논 한 필지 매매하고 희망이 안 보여서 경기도 안성

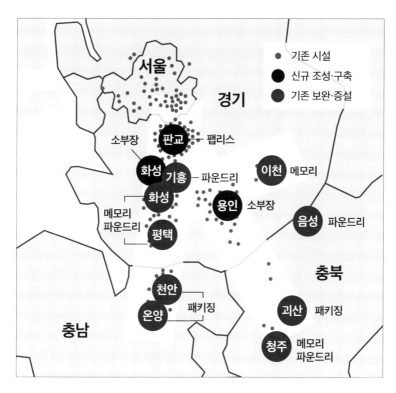

으로 사무실을 옮긴 것이다.

　그런데 평택이나 안성은 분위기가 사뭇 다르다. 수도권 투자자들
은 화성·평택·용인·안성에 적극적으로 투자한다. 수도권이 좋다는
것을 살면서 피부로 느꼈기 때문에 그 이상 벗어나려 하지 않는다.
6·25 전쟁 이후 70년의 세월이 흘렀다. 이제 와서 수도권 인구 밀

집을 해결하기에는 너무 늦었다. 수도권에 쏠린 인프라와 인적 자원을 되돌리기에는 너무 늦었다.

반도체 벨트의 입지를 확인해보자. 용인시 처인구 원삼면에 들어오는 용인반도체클러스터를 중심으로 수원 기흥, 평택 고덕, 이천 부발, 용인 이동면과 남사면은 20~30km 이내 거리에 있다. 나는 이 그림을 사무실에 걸어두고 4년을 보고 있다. 이제는 지도만 보면 반도체 벨트 주변으로 흐르는 돈이 보인다.

지난 수년, 아니 20년 가까이 토지에 관심을 가지면서 수없이 많은 책을 읽고 요약하고 공부했지만 아무도 반도체 벨트 주변에 투자하라는 이야기를 하지 않았다. 나도 그렇고, 이 책의 독자들 역시 과거에 삼성전자 공장 주변 토지에 관심을 가졌거나 투자한 사람은 거의 없을 것이다. 마치 1960~1970년대 강남에 투자한 '강남복부인'의 전설처럼 현실에 와 닿지 않는 이야기일 것이다.

2012년, 평택 고덕면에 삼성전자 공장이 들어오고 공장이 가동되면 땅값이 엄청나게 오른다는 소문을 들었다. 이야기를 듣고 몇 번 현장에 가봤지만 고압선과 논밭, 작은 구릉만 눈에 들어왔다. 앞으로 이 땅에 어떤 변화가 올지 감조차 오지 않았다. 그래서 기회를 놓치고 말았다. 2004년에 세종시 주변 땅을 사지 못한 것처럼 말이다.

이후 평택 안중읍, 포승읍 주변에 유치한 투자들은 절반의 성공으로 끝났다. 절반의 성공에 그친 이유는 무엇일까? 2016~2017년 당시 평택항 주변은 역사 이래 토지 가격이 최고점을 찍던 시기다. 평당 10만~20만 원 하던 땅들이 90만~150만 원을 호가했다. 그때 무리하게 분위기에 휩쓸려 땅을 산 것이 패착이었다. 맹지도 있고, 농업진흥구역의 논도 있고, 도로에서 거리가 먼 애매한 토지도 있었다. 이런 사례들이 쌓이고 그 결과를 복기할 충분한 시간이 지나고 나서, 지역보다 중요한 것은 각각의 땅이 지닌 입지와 특성이라는 결론을 내렸다. 애매한 땅은 쳐다보지도 말아야 한다는 것이 나의 결론이다.

반도체 벨트에
투자한 사례

평택시 고덕면에 토지를 샀다가 2년 만에 수용당한 사람이 있다. 본인은 평당 280만 원에 사업부지 내 토지를 샀다고 한다. 그 정도 금액이면 기획부동산을 통해 10평, 20평, 30평 단위로 샀을 것이다. 보상가는 80만 원 정도로 평당 200만 원 정도 손실이 났다. 10평이면 2천만 원, 30평이면 6천만 원 손실이다. 2천만~6천만 원을 벌어도 시원찮을 판에 손해를 보면 기분이 어떨까?

일을 하다 보면 이런 사례를 종종 만난다. '대기업이 120만 평이나 사업부지로 선정하고 보상을 해주는데 설마 손해를 보겠어?' 하는 안일한 생각이 피해로 이어진다. 돈을 번 사람은 대개 원주민이거나 소문이 나기 전에 우연히 싼 가격으로 매수한 사람이다.

용인 원삼의 용인반도체클러스터 내 토지들도 농지의 경우 평당 60만~70만 원에 보상됐다. 그 속에는 더러 손실을 본 사람도 있을 것이다. 상가의 임차인은 8평 정도 상가 부지를 받고, 사업보상금과 주거시설보상금으로 3천만~6천만 원을 받았다고 한다. 이들은 그래도 투자의 속성을 잘 알고 있어서 그럭저럭 좋은 성과를 얻은 것이다.

보상을 노리고 건축을 하거나, 나무를 심거나, 사업지를 옮기는 투자는 많은 사람이 써먹는 방식이다. 가장 확실한 방법은 사업지 주변 토지에 투자하는 것이다. 유동 차량이 많은 2차선 주변 건축 가능한 토지가 가장 많이 오르고 안전하다. 그중 제2종근린생활시설 음식점 영업이 가능한 토지의 가격이 가장 많이 오른다. 만약 3년 전으로 다시 돌아가서 땅을 산다면 2차선에 접한 음식점, 카페 창업이 가능한 토지를 샀을 것이다. 입지가 좋다면 100평 미만의 작은 땅도 좋다. 투자 대비 효과가 가장 좋은 땅이 그런 땅이다.

용인시 처인구 원삼면 목신리 땅을 살펴보자. 2023년 평당 400만 원에 산 계획관리지역 땅으로 68평이다. 바닥면적 40평의 2층 건물로 1층에는 편의점과 부동산, 2층은 일반 사무실로 임대를

용인시 처인구 원삼면 목신리에 상가를 지은 현장

줄 계획이라고 한다. 이 일은 성공했을까? 공부를 위해 다른 사람의 투자를 분석하고 경과를 지켜봐야 한다. 타이밍만 보면 좋지는 못하다. 지금은 토지를 매수해서 소유하고 있을 시기다. 건축을 할 시기는 주변에 공장이 들어서거나 근로자들이 몰려드는 시기다. 그때가 되어야 임대도 가능하고 매도도 추진할 수 있다.

국내에서 반도체 벨트로 성공한 사례는 다음과 같다.

1. 하남 미사

반도체 산업 집중지로 발전하면서 토지 가치가 상승했다.

2. 강릉 과학 일반산업단지

반도체와 IT 관련 산업이 집약하면서 발전하고 있는 지역이다.

3. 천안·아산 반도체 특화단지

삼성전자 등 대기업과 연계된 반도체 생산 기지로 매우 중요한 역할을 하고 있다.

4. 춘천 IT 밸리

반도체와 IT 관련 산업이 집중되어 클러스터를 형성하고 있다.

5. 용인반도체클러스터

반도체 클러스터로 발전 중이며, 인프라 개발 및 기업 유치가 이뤄졌다.

6. 진주 혁신도시 드림 IT 밸리

IT와 전자산업 기업이 집중된 지역으로 발전의 중심지가 되고 있다.

7. 성남 일반산업단지

반도체와 전자산업 기업이 집중되어 있는 지역으로 토지 가치 상승이 경제적 성장에 큰 기여를 했다.

8. 이천 반도체 밸리

반도체와 전자산업이 발달하고 있는 지역이다. 성공적으로 클러스터가 형성되었다.

반도체와 관련 산업이 집중되어 클러스터를 형성하고, 이에 따라 토지 투자가 활발해지면서 지역 경제 발전에 크게 기여한 사례들이다. 앞으로 반도체 클러스터가 되는 다른 지역은 어디일까? 당장은 그림이 나오지 않는다. 이미 2040년까지 공장 부지 계획이 잡혀 있기 때문이다. 따라서 지금 계획된 지역을 중심으로 투자할 지역을 살펴봐야 한다.

2장

초보 투자자를 위한
성공 방정식

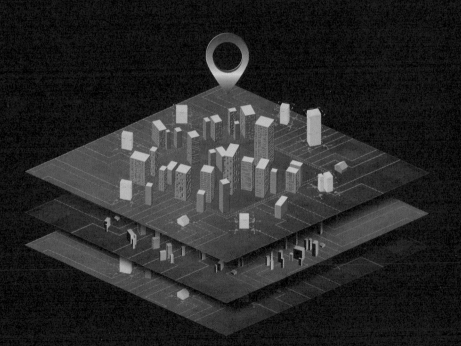

성공을 위한
단 하나의 법칙

　살아오면서 성공한 일과 실패한 일을 되돌아보고 분석해보니, 성
공과 실패의 원인과 배경을 분명히 알 수 있었다. 많은 자기계발서
는 말한다. 명확한 목표를 가지고 생생하게 꿈꾸면 이뤄진다고. 그
런데 우리의 현실은 어떠한가? 아무리 꿈을 꾸고 성공을 열망해도
상황은 전혀 바뀌지 않고 여전히 먹고살기는 힘들다. 나는 성공을
위한 단 하나의 법칙으로 많은 성공을 거두었고 지금도 성공을 향해
나아가고 있다. 그 이야기를 해보려고 한다.

　'성공을 위한 프로세스'와 같이 여러 단계를 거쳐서 성공과 실
패 여부를 점검하고, 경과를 평가한다면 성공과 실패의 이유를 분명

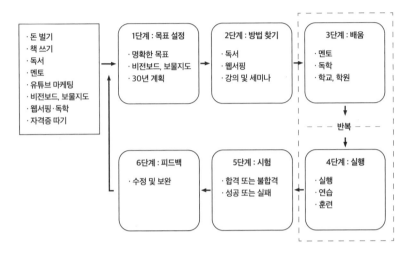

| 성공을 위한 프로세스 |

- 돈 벌기
- 책 쓰기
- 독서
- 멘토
- 유튜브 마케팅
- 비전보드, 보물지도
- 웹서핑·독학
- 자격증 따기

1단계 : 목표 설정
- 명확한 목표
- 비전보드, 보물지도
- 30년 계획

2단계 : 방법 찾기
- 독서
- 웹서핑
- 강의 및 세미나

3단계 : 배움
- 멘토
- 독학
- 학교, 학원

— 반복 —

6단계 : 피드백
- 수정 및 보완

5단계 : 시험
- 합격 또는 불합격
- 성공 또는 실패

4단계 : 실행
- 실행
- 연습
- 훈련

히 알 수 있다. 여기서부터 출발해야 한다. 아마존 베스트셀러 1위를 기록하며 전 세계의 '시크릿 신드롬'을 일으킨 론다 번은 『시크릿』을 통해 '끌어당김의 법칙'에 대해 소개한다. 간절히 원하면 돈·성공·명예·건강이 끌려온다는 것인데, 전혀 근거 없는 말은 아니지만 이것만으로는 부족하다고 생각한다. 보다 효과적으로, 보다 빨리 성공에 이르고 싶다면 6단계 프로세스를 착실히 따라야 한다.

유튜브를 보면 '10분만 시청하면 돈 버는 방법' 따위를 흔히 볼 수 있다. 10분 만에 계획을 세우고 실행과 실천을 반복해서 결과를 낼 수 있을까? 의문이다. 자주 빠지는 오류가 '10분만 하면' '한 번만 따라 하면' '돈을 들이지 않고' '손쉽게' 등의 키워드에 속는 것이다.

K-반도체 벨트 토지를 사라

아무 노력 없이 공짜를 바라는 마음에 이런 동영상에 쉽게 흔들리는 것이다. 그런 것이 가능하다면 왜 모두가 성공하지 못했겠는가? 돈을 벌기 위해 새벽부터 밤늦게까지 몸이 부서져라 일하는 샐러리맨, 운동장에서 비 오듯이 땀을 흘리며 훈련하는 체육인, 불철주야 뜬눈으로 가게를 지키는 자영업자 등은 바보라서 그런 노력을 들이는 것이 아니다. 이러한 현실적인 노력이 정상적인 성공의 길이라 믿는다면 이 책을 따라와도 좋다. 아니라면 아쉽지만 다른 책에서 방법을 찾기 바란다.

이 책을 통해서 단계별 방법을 토지 투자에 적용한다면 토지 투자에서도 큰 성공을 거둘 수 있다. 나는 실제로 이러한 프로세스를 여러 분야에 적용해 토지 투자뿐만 아니라 책 쓰기, 유튜브 마케팅, 운동 등에서 성공했다. 돈 벌기, 강의 및 세미나 주최하기, 공인중개사 자격증 취득하기 등 셀 수 없이 많은 분야에서 성과를 거뒀다. 혹자는 사소하고 작은 성공이라 치부할 수 있지만 나는 믿는다. 작은 성공이 쌓여 큰 성공을 만든다는 것을 말이다.

이보다 더 그럴싸한 방법이 있는 책이라면 나부터 당장 쫓아가서 배울 것이다. 나는 10년이 넘는 기간 300권 이상의 자기계발서를 읽었다. 말 그대로 씹어 먹을 각오로 읽고 또 읽었지만 이 이상의 특별한 방법은 찾을 수 없었다. 여기서 더 나아가면 형이상학적인 이상한 스토리에 빠지게 된다.

어떻게 목표에
도달했는가?

초등학교 5학년 때 선생님께서는 일기 쓰기의 중요성을 강조하셨고, 그때부터 일기 쓰기가 시작되었다. 감사하게 생각한다. 그 습관이 중학교로 이어져서 각종 글쓰기 상을 수상했다. 내게 자존감을 높여주고 노력의 중요성을 깨닫게 해준 계기가 되었다. 덕분에 글쓰기에 대한 부담감이 없어졌다. 물론 그렇다고 여느 작가들처럼 백일장을 휩쓴 것은 아니다.

나는 '30년 계획표'에 언젠가는 내 책을 쓰겠다고 적어두었다. 물론 바쁜 일상에 치여 금세 잊고 살았지만 아마 이것이 '1단계: 목표 설정'의 시발점이었다고 본다. 글쓰기 능력이 없는 사람은 성공을 못한다는 그런 의미는 아니다. 자신의 능력이 무엇인지 알고 끄집어낼 줄 알아야 한다는 의미다.

피아노를 잘 치는 사람, 영어를 잘하는 사람, 대인관계가 좋은 사람이 있다. 식물을 좋아하는 사람, 동물을 좋아하는 사람, 그림을 잘 그리는 사람도 있다. 사진을 잘 찍는 사람, 만들기를 좋아하는 사람, 여행을 좋아하는 사람 등 세상에는 무궁무진한 재능이 있다. 그 재능을 아낌없이 펼쳐나가면 된다. 그것이 바로 성공의 길이다.

모든 성공은 도전하고 실패하고, 도전하고 실패하고를 반복하면서 '네가 이기느냐, 내가 이기느냐 두고 보자'라는 오기와 객기로 이뤄진 결과물이다. 글 한 줄로 설명했지만 실제 행동으로 옮겨보면 결과를 내기까지 얼마나 어려운지 알 게 될 것이다. 한 번 해본 사람은 두 번, 세 번이 어렵지 않다.

습관은 무서운 것이다. 일기 쓰는 습관은 지금도 이어져서 나는 여전히 무엇이든 기록하고 메모하는 습관이 있다. 『마음을 빼앗는 글쓰기 전략』에서 앤 핸들리는 말한다.

"글쓰기는 예술이 아니라 습관이다."

나 역시 글쓰기는 재능이 아니라 습관이라고 말하고 싶다. 그 습관은 또 다른 단계인 '6단계: 피드백'과도 연관이 있다. 주식 투자자가 매매일지를 쓰는 것도 비슷한 이유다. 성공은 이어가고, 실패는 수정해서 다시는 같은 실수를 반복하지 않으려 노력한다. 그런 점에서 일기 쓰기, 메모하는 습관, 매매일지 쓰기 등은 모두 중요한 과정이다.

나는 운동을 좋아하지만 선수처럼 뛰어난 것은 아니다. 오히려 즐기는 편에 가깝다고 할 수 있다. 거슬러 올라가서 대학 시절, 축제에서 과별로 교내 마라톤을 진행했다. 동네 산에서 1년 정도 마라톤을 꾸준히 한 경험이 있어서, 교내 마라톤 시합 소식을 들었을 때 가슴이 뛰었다. 반드시 우승을 해야겠다는 목표를 세웠고 사전에 달리는 코스를 답사했다. 전체 코스가 10km였으므로 7km 지점에 위치한 오르막에서 승부를 보기로 작전을 짰다. 대학생들의 시합이니 이런 답사나 승부처를 정하고 작전을 짜는 것은 그 어떤 선수도 하지 않았으리라 생각했다. 그것이 경쟁력이었다.

당일 아침식사도 2시간 전에 미리 먹고 몸을 가볍게 만들었다. 신발도 그동안 운동하면서 익숙한 마라톤화를 신었고, 옷도 최대한 가볍게 입었다. 드디어 출발선에 섰다. 가슴이 두근거렸다. 들리는 정보에 의하면 전국체전에서 은메달을 땄던 선수도 출전한다고 했다. 승부욕을 자극했다.

나는 힘차게 출발해서 초반에 경쟁자들을 따돌리고 10명 정도가 속한 선두그룹에서 달렸다. 절반 정도 거리에서 삼파전으로 좁혀졌다. 작전대로 되었다. 승부처인 오르막이 보이자 죽을힘을 다해서 치고 나갔다. 생각지도 못한 스퍼트에 경쟁자들은 나가떨어지고, 뒤를 돌아보니 저 멀리 뒤처져서 따라올 의지가 없어 보였다. 그 순간 숨을 돌리고 내 페이스대로 승부를 마쳤다.

이후에 학과 최초로 마라톤에서 우승을 했다고 난리가 났다. 체대 교수님께서 마라톤을 본격적으로 해보라고 제안하기도 했다. 즐거운 추억이다. 우승으로 시계와 트로피를 받고 같은 과 학우들과 여친을 불러서 한턱 쐈다. 교수들 사이에서도 전설적인 인물로 회자

되고 있다. 명확한 목표와 전략과 방법, 그리고 꾸준한 연습이 있기에 가능했다.

자랑을 하려는 것이 아니다. 성공을 위한 프로세스가 진짜로 잘 작동한다는 것을 검증하려고 꺼낸 이야기다. 여러분도 과거의 성공과 실패를 되돌아보면서 자신이 해당 프로세스에서 어느 단계가 부족했는지 점검해보기 바란다. 무엇이든 살아오면서 성공의 경험 한두 가지는 있을 것이다. 그렇다면 이미 자질은 충분하다. 토지 투자든, 승진이든 목표가 있다면 성공을 위한 단 하나의 법칙을 적용시킴으로써 인생에 변화가 생길 것이다.

고작 한 페이지
읽었을 뿐인데

부동산공법 책이
나에게 남긴 것

공부를 잘하는 사람들의 특징은 자신만의 공부 방법이 있다는 것이다. 나는 공부를 잘하지는 못하지만 성인이 된 이후 나만의 공부법을 확립해 성과를 거둔 바 있다. 공인중개사 공부를 할 때도 그랬다. 책상 앞에 전 과목의 목차를 붙여두고 매일 바라봤다. 이렇게 하면 내가 어디까지 공부하고 있고, 어디가 부족한지 진단이 가능하다. 그런 방법으로 효과를 많이 봤다. 교재마다 조금씩 다르지만 부

K-반도체 벨트 토지를 사라

동산공법 수험서의 목차를 정리하면 다음과 같다.

PART 1. 국토의 계획 및 이용에 관한 법률

PART 2. 도시개발법

PART 3. 도시 및 주거환경정비법

PART 4. 건축법

PART 5. 주택법

PART 6. 농지법

부동산공법을 공부하면 부동산에 대한 전체적인 그림이 그려진다. 그 그림과 현장에서의 지식을 결합하면 자신만의 감각과 촉이 생긴다. 그 시점이 되면 투자에도 성공할 가능성이 확실히 높아진다. 또 현장에서 무시당하지 않는다.

내가 전문가로 인정받는 이유도 그 출발은 아주 단순하다. 그냥 부동산공법 책을 남들보다 한 페이지 더 읽었다는 점이다. 누구나, 아무나 할 수 있는 일이다. 차이는 그것뿐이다. 여러분의 인생에 어떤 변화를 가져오고 싶다면 속는 셈치고 부동산공법 책을 읽어보기 바란다.

『나는 고작 한번 해봤을 뿐이다』라는 책도 '한 번 해보기'의 중요성을 강조한다. 저자는 버스에서 내려 30분 걷는 습관이 방송국 PD

로서 원하는 삶을 살게 된 결정적인 이유라고 말한다. 30분 걷기가 뭐 그리 대단한 일이냐고 할 수 있다. 그런데 걸으면 진짜 길이 생긴다. 히말라야 트레킹 후 대통령이 된 정치인들이 그렇고 찰스 디킨스, 표트르 차이콥스키, 존 밀턴, 루트비히 판 베토벤 등도 걷는 습관이 창작욕의 원천이었다. 걷기도 그렇고, 한 번 읽기도 그렇고 사소한 것 같지만 중요하다.

부동산공법 책 한 페이지 읽기 또한 마찬가지다. 사소하지만 그 한 페이지가 당신에게 성공을 가져다주고 전문가의 길로 인도한다. 많은 부동산 전문가가 데이터와 그 해석의 중요성을 이야기한다. 데이터를 분별하고 분석하려면 머릿속에 부동산공법이라는 아주 중요한 구조가 채워져 있어야 한다. 아무 바탕도 없는데 데이터가 무슨 소용이며, 입지와 인프라의 중요함이 무슨 의미가 있을까?

출발이 중요하다. 42.195km 마라톤을 뛰는데 무거운 옷과 신발을 신고 뛸 수 없듯이, 인생에 있어 한 판 승부를 내는데 너무 무겁게 출발할 수는 없다. 그냥 책 한 페이지를 가볍게 읽고 시작하면 된다. 그뿐이다. 투자를 지식으로 받아들이고 전문적으로 시작하고 싶다면 부동산공법이 좋은 출발점이다. 토지를 이해하는 토대가 되기 때문이다. 과거 우리가 『성문 기본영어』나 『수학의 정석』으로 공부를 시작하듯이 부동산의 정석으로는 부동산공법이 있다.

처음에 부동산공법 책에 나오는 용어들을 보면 외계어처럼 느껴

K-반도체 벨트 토지를 사라

진다. 용적률, 건폐율, 용도지역, 지구, 산지전용허가, 농지전용허가, 건축허가, 도시기본계획, 도시관리계획 등 난해한 단어가 많다. 당연히 처음부터 모든 걸 이해하려면 머리가 터진다. 지금까지 법하고 아무런 상관 없이 살아 왔다면 더더욱 그렇다. 헌법·민법·형법과는 색깔이 조금 다르다. 부동산공법은 부동산과 가까이 하고 싶은 사람들을 위한 법이다.

사실 공인중개사 자격증을 공부하지 않는 이상 그 역할과 중요성을 대부분 잘 모른다. 특히 아파트 중개만 하는 도시의 공인중개사에겐 가까이 하기에는 너무 먼 당신이다. 사람을 기죽이려고 어려운 분야를 공부하라고 권하는 것이 아니다. 모든 일에는 기본이 있다. 바둑은 포석을 알아야 하고, 수학은 사칙연산을, 영어는 단어를 알아야 한다. 부동산에는 부동산공법이 그런 존재다.

시골에 부모님이 물려주신 소중한 땅이 있다고 가정해보자. 팔까 고민하다가 잠시 숨을 고르고 생각한다. '팔기 전에 전문가에게 어떤지 상담이라도 한 번 받아보자' 하는 생각이 든다. 이때 전문가가 "그 땅이요? 절대농지에 맹지라서 농사 지을 땅밖에 안 됩니다"라는 말을 듣게 된다. '절대농지' '맹지'라는 말을 들으면 어떤 생각이 드는가? 말을 알아듣지 못하고 '절대농지면 상대농지라는 것도 있으려나?' 하는 생각이 든다면 이 땅의 가치를 파악하지 못한 것이다.

팔고 안 팔고는 엿장수 마음이다. 부동산공법하고 무슨 관계기

있느냐, 이렇게 이야기할 수 있겠는가? 더 나아가 해당 토지에 건축과 개발이 가능한지 여부 또한 부동산공법을 알아야 대략적으로라도 파악알 수 있다. 허가의 여부는 개발행위허가 담당 공무원의 몫이라고 해두자. 팔고 안 팔고는 내 사정과 땅의 장래에 달려 있다. 땅의 장래, 즉 발전 가능성은 개발계획과 맞물려 있다.

부동산공법이 무척 중요하다는 것은 알겠다. 그럼 오늘부터 서점에 가서 관련 책을 한 권 사서 달달 읽으면 되는 걸까? 내용이 어렵고 복잡해서 '어차피 나는 아파트 투자만 하는데 무슨 소용이람?' 하는 회의감이 들지 모른다. 그런데 맨날 아파트만 샀다 팔았다 할 수는 없다. 주택은 부동산의 한 분야일 따름이다. 시장 상황과 부동산 정책 및 규제 등에 따라 때로는 다가구주택도 사고, 상가도 사고, 오피스텔·공장·창고 등 다양한 상품을 매매해야 한다.

이후 상황이 또 어떻게 바뀔지 모르지만, 12·16 대책 이후 아파트 투자의 매력도는 크게 떨어졌다. 가지고 있으면 보유세(재산세+종부세) 폭탄을 맞을 수 있다. 평생 주택만 투자하다 은퇴를 앞두고 현금흐름을 만들기 위해 값비싼 아파트를 팔았다고 가정해보자. 거주할 저렴한 주택을 사고, 남는 돈으로 월세가 따박따박 나오는 건물을 알아보려 한다. 그래서 공인중개사무소를 기웃거리는데 알고도 속고 모르고도 속는 세상이니 불안할 수밖에 없다. 이때 부동산공법을 꿰고 있다면 판단이 훨씬 쉽다. 땅을 보면 땅의 미래가 보이고 건물을 보면 입지가 척 보인다. 이 정도로 수준이 높고 여유자금까지 넉넉하다면 "부동산 투자가 제일 쉬웠어요"라고 인터뷰에 등장할 날이 멀지 않았다.

부동산공법 책은 대략 300~400쪽이다. 하루 한 페이지면 1년이 걸린다. 지루해서 못 견디겠다면 하루 5페이지로 늘려도 좋다. 부동산공법 책을 완독하면 세상에 눈을 뜨게 된다. 사기를 당하고 뒤늦게 공부하면 늦은 것이다. 심청이를 잃고 심봉사가 눈을 뜨면 뭐하겠는가? 심청이를 잃기 전에 눈을 떠야 한다.

독서로 시작하는
골디락스 법칙

스티브 잡스는 스탠퍼드대학교 졸업 축하 연설에서 '점들의 연결(Connecting the dots)'에 대해 언급했다. 과거에 한 어떤 일을 '점'에 비유해 이러한 점들이 이어져 현재를 만들어간다는 의미다. 별 연관이 없어 보이는 전혀 다른 경험도 서로 연결되면 놀라운 결과를 만들어내곤 한다. 부동산공법을 읽는 것도 하나의 중요한 점이 될 수 있다. 미래에 이 점이 어떤 영향을 줄지 지금은 모른다.

나는 부동산공법 책을 읽고서 책을 쓰게 되었고, 강연과 세미나를 하고 있고, 부동산 중개로 돈을 벌고 있다. 투자와 중개라는 업을 동시에 하고 있다. 첫 시작은 쉽고 단순한 데서 온다. 어렵고 복잡하고 힘든 것이 아니다. 가볍게 시작해서 무겁게 끝내면 된다. 양적으로 부족하다면 질적인 도전을 해보자. 팔굽혀펴기 하나, 턱걸이 하나, 50m 걷기, 한 페이지 읽기, 글 한 줄 쓰기, 비전보드 한 번 보기 등 가볍게 시작하자. 30초, 1분, 3분 정도 시간을 투자해도 가능한 일을 하자. 그리고 삶이 얼마나 달라지는지 지켜보자.

부동산공법 책 한 페이지 읽기에서 출발하면 부동산 공부가 재미있어진다. 혹시 아는가? 공인중개사 자격증에 관심이 생겨 자격증을 딸 수도 있고, 부동산 관련 책을 쓸 수도 있고, 더 나아가 부동산 중개법인, 임대법인, 건설사를 운영하게 될 수도 있다. 시작은 미약했으나 나중엔 창대해지리라. 성경의 말씀처럼 미약하게라도 실천해보자.

부동산공법을 이해하면 토지가 보이기 시작하고 건축의 과정도 눈에 그려진다. 점과 선이 분명해진다. 가난한 투자자와 부자 투자자가 구분되어 보이기 시작한다. 현장에서 질 높은 컨설팅을 하게 되었고, 더 많은 토지를 중개하게 되었다. 이제 막 부자의 길에 들어섰다. 그 선택의 처음은 부동산공법 책 한 페이지 읽기였다.

'골디락스 법칙'이라는 말이 있다. 너무 많지도, 너무 적지도 않은 가장 적당한 상태를 뜻하는 이 법칙은 어렵지만 관리가 가능한 수준의 도전을 할 때 동기가 극대화된다고 설명한다. 지나치게 어렵거나 지나치게 쉬워서도 안 된다. 딱 들어맞아야 한다. 내가 동네 조기축구를 20년째 하고 있는 비결이 골디락스 법칙에 있다. 애들과 축구를 하는 것도 아니고, 손흥민과 축구를 하는 것도 아니다. 고만고만한 아저씨들과 승부를 겨루기 때문에 동기 부여가 된다. 부동산 공법 한 페이지 역시 관리 가능한 적정한 수준의 도전이 되기를 바란다.

달력에 한 페이지 읽은 날은 ○, 안 읽은 날은 ×를 표시해서 기록하는 습관을 가지자. 작심삼일을 반복한다면 더도 말고 덜도 말고 딱 21일만 반복해보자. 21일의 법칙은 미국의 의사 존 맥스웰이 1960년대 그의 저서 『맥스웰 몰츠 성공의 법칙』에서 소개한 내용이다. 어떠한 일이든 21일 동안 계속하면 습관이 된다는 법칙으로 예일대학교를 비롯한 많은 대학에서 실제로 활용하고 있는 학습 전략이다.

안성시 남풍리
성공 사례

토지 투자의 효능감을 알려주기 위해 이번에는 몇 가지 성공 사례를 알아보겠다. 전국 곳곳에 임장을 다니고 땅을 사고판 경험이 모여 지금의 내가 만들어졌다. 요즘도 주변을 둘러보면 여러 땅들이 눈에 들어온다.

최근에는 부동산 시장이 불황기여서 팔려고 내놓은 땅들이 많다. 사무실 근처 공장 부지는 누군가 공동으로 구입했는데 마음이 맞지 않아 본전만 넘으면 판다고 내놓았고, 2차선에 접한 다른 지역의 토지는 그 위에 상가를 올려서 팔고 있다. 한창 활황기 때는 조금만 괜찮아도 평당 300만~350만 원을 주겠다는 사람이 줄을 섰는

K-반도체 벨트 토지를 사라

| 안성시 남풍리 토지 투자 사례 |

사례	매수가	대출	자기자본	평	매도가	수익(세전)	수익률(%)
1	2억 4,300만 원	9720만 원	1억 4,580만 원	541	3억 6,400만 원	1억 2,150만 원	83.33
2	3억 7천만 원	1억 6천만 원	2억 1천만 원	532.7	4억 5,400만 원	8,400만 원	40
3	3억 원	1억 2천만 원	1억 8천만 원	547	4억 5천만 원	1억 5천만 원	83.33
4	3천만 원	0	3천만 원	207	9천만 원	6천만 원	200

데, 최근에는 평당 250만 원에도 산다는 사람이 없다. 금리가 오르고 1~2년 버티다 한계에 봉착한 투자자가 많이 보인다. 부동산이든 주식이든 영원히 오를 것 같은 좋은 분위기라면 팔아야 할 때다. 지금은 부동산 침체기이기 때문에 좋은 매물이 급매로 나오는 경우가 많다. 이럴 때가 사야할 때다.

4가지 성공 사례는 내 고객이 매수해서 수익을 본 사례들이다. 산업단지 개발사업이 없었다면 꿈도 못 꿀 일이다. 지금처럼 어려운 시기에는 40~80% 수익도 귀하다. 여러 토지주의 땅을 많이 팔아줌으로써 내게도 좋은 일이 생겼다. 이 모든 결과는 토지 투자 분야의 책을 쓴 덕분이다. 집필 활동을 계기로 블로그와 유튜브를 하게 되었고, 보다 많은 땅을 접하면서 실력이 늘었기 때문이다. 10여 년 전에 책을 쓰지 않았다면 오늘의 나는 없었을 것이다.

여러분도 두려움을 극복하고 씨를 뿌려야 한다. 실패에 대한 두려움을 극복하면 성공의 길이 보인다. 나도 2005~2008년에 투자에 실패한 경험이 있다. 그때 포기하고 부동산 투자의 길을 접었다면 오늘의 과실은 존재하지 않았을 것이다. 실패를 다른 사람의 책임으로 돌리고 분노했다면 성장은 없었을 것이다. 실패 없이 성공만 했다면 좋았겠지만 세상 일이 그렇게 돌아가지 않는다. 좋은 기회만 존재할 수는 없다. 덫이 도사리고 있다는 사실을 알아야 한다.

말이든 글이든 표현은 쉽지만 행동으로 실천하기란 정말 어렵다. 예시로 든 성공 사례를 보면서 '가능성'에 투자할 용기를 얻기 바란다. 이 과정에서 이 책이 밑거름이자 나침반이 되었으면 좋겠다. 나 역시 많은 선배 작가들의 책을 통해서 여기까지 오게 되었다.

충북 진천에서
안성으로 올라오다

그동안 충북 진천에서 공인중개사무소를 운영하다가 2020년 안성으로 올라왔다. 2020년 말부터 안성의 토지 시장은 말 그대로

K-반도체 벨트 토지를 사라

'핫'했다. 매물만 나오면 거래가 되었다. 주변 공인중개사무소에서도 매물이 쏟아졌고 너도나도 계약을 했다. 그동안 거래되지 않던 골짜기 맹지까지 거의 다 소진되었다.

그 당시 우리 사무실 옆에서 영업 중이던 공인중개사무소에서 괜찮은 물건이 있다면서 나에게 현장에 함께 가보자고 권했다. 현장에 갔더니 말과는 달리 산을 까놓은 그저 그런 매물이 있었다. 산의 허리 정도에 위치한 임야라 전원주택 부지로 활용이 가능한 물건이었다. 해당 공인중개사무소 사장님은 "이거 어때? 분할해서 줄 테니 팔아보자"라고 적극적으로 가분할도를 작성해서 브리핑을 했다. 수수료를 많이 뽑을 수 있다는 말에 혹해서 작업을 시작했다. 매매가를 보니 주변 시세에 비하면 비슷하거나 약간 낮았다. 해당 토지주가 이 주변을 10년 전부터 매집해서 저렴하게 잡았다고 한다.

문제는 축사와 돈사가 주변에 많아서 냄새가 났다. 입지적으로 보면 서울세종 고속도로 고삼IC 예정지와 가까워서 2~3년 뒤에는 가치가 오를 것으로 보였다. 또 직선거리 1.5km 떨어진 곳에 삼성생명이 소유한 42만 평 토지가 있어서 변화의 조짐이 보였다. 무엇보다 그 땅 주변으로 2차선 2개가 양쪽으로 신설된다는 소식이 들렸다.

유튜브에 관련 동영상을 찍어 올리자 전국에서 연락이 왔다. 매일 1~2회는 현장에 임장을 갔다. 많을 때는 3~4회 간 적도 있다. 이런 외진 시골 땅이 왜 그렇게 관심을 받았는지 지금 생각해도 이해가 가지 않는다. 아마 유튜브 동영상이 이목을 끌었던 원인인 것으로 보인다. 워낙 토지 계약을 잘했으니 주변에서도 인정을 받았다.

돌아보면 보개면에서 부동산을 차리기까지 우여곡절이 많았다. 안성시 죽산에서 동업한 공인중개사무소는 동업자가 부부싸움이 잦아서 같이 일하기가 힘들었다. 그런 와중에 삼죽면의 공인중개사무소에서 일을 같이 하자는 제안이 와서 옮겼다. 이곳에서 3개월을 보냈는데 유튜브로 광고를 해서 토지 계약을 제법 따냈다. 하지만 뜻이 맞지 않아서 결국 보개면으로 옮겨 사무실을 차리게 되었다.

토지 계약은 일반적인 공인중개사는 계약하기가 상당히 어렵다. 아파트·상가·오피스텔·다세대주택 등은 일반적으로 눈에 보이는 물건이다. 수익을 확인하거나 매매금액을 알아보기도 편해서 투자하기도 상대적으로 쉽다. 근처 공인중개사무소 2~3곳에 전화를 돌려도 되고, 각종 인터넷 사이트나 앱을 활용하는 방법도 있다. 반면 토지는 개별로 특성이 다르고, 주변 시세가 정확한 것도 아니고, 정보를 알 수도 없으니 진입장벽이 분명한 분야다. 땅을 사면 더 두려운 것이 매도다. 상대적으로 환금성이 나쁘다 보니 언제 팔릴지 모를 일이다. 이런 상황에서 한 달에 3~4건의 토지 계약을 한다는 것은 쉬운 일이 아니다.

당시 위로는 용인반도체클러스터로 인해 원삼과 백암은 토지거

K-반도체 벨트 토지를 사라

남풍리 토지 투자 1번 사례 매수(위), 매도(아래) 매매계약서래허가구역으로 묶이게 된다. 투자자들이 그 아래쪽인 안성시 삼죽면·보개면·죽산면·일죽면·대덕면·고삼면으로 몰린 배경이다. 유튜브로 개발 상황을 설명하면서 마케팅을 했고 이게 정말 잘 먹혔다. 또 그런 시절이 돌아올지 모르겠다.

매매계약서는 남풍리 토지 투자 사례 중 1번에 해당한다. 위는 매수, 아래는 매도한 매매계약서다. 이런 사례들이 앞으로도 계속해서 나올 것이다. 2~3년 전에 매수한 물건들이 대부분 좋은 입지의 토지이기 때문이다. 이렇게 나는 현장에서 토지를 중개하고 매도도 해주고 있다. 참고로 남풍리 토지 투자 사례 중 4번은 내가 투자한 사례다. 주변 지주의 땅을 많이 팔아드려서 인센티브를 얻은 것이다. 단기간에 200%가 넘는 수익을 올리는 것은 물론 어렵다. 해당 사례는 고객과 함께 성장한 좋은 사례라고 할 수 있다.

당신도 충분히 할 수 있는 일이다. 이제부터 18년간 전국 곳곳에서 투자와 중개를 하면서 얻은 깨달음을 소개하려 한다. 앞서간 사람으로서 뒤에 오는 후배들에게 발자국을 남겨주고 싶다.

어떻게 투자하고
벌어야 하는가?

유휴부지를
주차장으로 활용하다

　도로만 잘 안다고 부자가 되는 것은 아니다. 도로를 아는 것은 부수적인 요인에 불과하지만, 그렇다고 도로를 몰라도 안 된다. 도로는 건축이 가능한 땅을 결정 짓는 중요한 요인이다. 도로를 알아서 손해 보는 일은 없다.

　지적도를 보면 해당 토지가 길에 접했는지, 아닌지 알 수 있다. 만약 지적도상 길에 접해 있지 않은 땅이라면 어떻게 해야 할까? 길

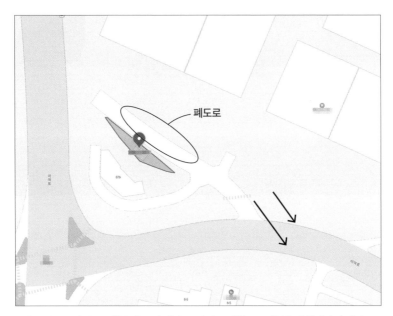

폐도로

유휴부지를 주차장으로 활용한 토지 지적도. 화살표 방향으로 원룸촌이 형성되어 있다.

과 자신의 땅 사이에 타인의 땅이 있다면 수단과 방법을 가리지 않고 그 땅을 사야 한다. 아니면 자기 땅 일부를 주고 길과 연결된 땅 일부와 바꾸는 것도 방법이다. 어떤 방법이든 맹지에서 벗어나는 것이 가장 중요하다. 국공유지는 점용료를 내고 사용하도록 관계기관과 협의를 잘 해야 한다. 개발 규모에 따라 폭 4m 이상의 도로에 접해야만 개발행위 허가가 가능하다.

예시 지적도를 보면 '이런 토지를 어떻게 매수하고 어떻게 건축을 했을까?' 하는 생각이 든다. 이런 것을 배워야 한다. 이 땅을 사기

K-반도체 벨트 토지를 사라

까지 많은 사연이 있었을 것이다. 2013년에는 주변에 원룸촌이 형성되어 있지 않았다. 도로가 폐도로가 되지도 않았고, 작은 땅이라 관심을 받지도 못했다. 또 현장에 가보면 푹 꺼진 땅이라 주목을 받지 못했다. 건물을 올려도 옆에 있는 다른 땅에서 건축을 하면 건물이 가려서 별로 좋은 땅은 아니었다.

하지만 건축을 하고 보니 여러 가지 장점이 많이 보였다. 제일 좋은 것은 점용료를 조금 내면 폐도로를 활용할 수 있다는 점이다. 보유한 땅은 50평 정도지만 그보다 몇 배의 땅을 활용할 수 있다는 것은 큰 장점이다. 폐도로는 현재 주차장으로 이용되고 있다. 또 화살표 방향에 원룸촌이 형성되면서 유동인구가 늘었다. 즉 상가로 임대를 주어도 좋은 땅이 되었다.

나중에 남측에 있는 현황도로가 4차선으로 확장될 예정이다. 좋은 것인지, 나쁜 것인지는 아직 모른다. 도로가 확장되면서 생기는 변수들을 지켜봐야 한다. 좋은 점은 도로와의 접근성이 개선된다. 안 좋은 점은 차들의 속도가 빨라지거나 안전을 위한 가드레일이 설치되면 통행에 제약이 생길 수 있다. 또 건너편의 유동인구가 4차선을 가로질러 건너오기 불편할 수 있다. 물론 횡단보도가 생기겠지만 여러 가지 변수가 존재한다. 참고로 이 땅은 지인의 땅인데 10년 동안 10배 이상 올랐다.

도로 이동·확장으로
수혜를 입은 사례

이번에는 평택시 토지다. 2017년 12월, 주변에 평택호관광단지를 조성한다고 이미 발표가 난 시점이다. 주변의 토지들이 많이 들썩였다. 해당 토지는 맹지였으나 화살표처럼 도로가 이동·확장될 예정이다. 길이 이렇게 될 것이라는 것은 현장조사 결과다. 지인은 거의 매일 출근하다시피 현장을 살폈고, 도로의 변화를 감지하고 확신을 갖고 해당 토지를 매수한다. 토지 거래 플랫폼 '밸류맵'을 보면 해당 토지는 2017년 12월 평당 70만 원 정도에 거래되었다. 현재는 평당 200만 원이 넘을 것이다.

길이 새로 뚫리고 확장되는 곳은 또 어디에 있을까? 이런 사례들은 현장을 다니면 얼마든지 만날 수 있다. 2017년 서평택은 한마디로 뜨거웠다. 그럼 지금은 아닐까? 지금은 전반적으로 부동산 시장이 주춤하다. 그래서 잘못하면 악성 매물을 잡고 오랜 시간을 고생할 수 있다. 그런 일을 방지하기 위해서 투자자 스스로가 공부를 해야 한다. 공부가 되어 있지 않으면 부동산 시장의 빙하기를 견디기가 어렵다.

성공은 그냥 만들어지지 않는다. 오랜 경험과 감각, 어느 정도의 행운이 따라와야 한다. 가장 중요한 것은 인내다. 고통스러운 순간

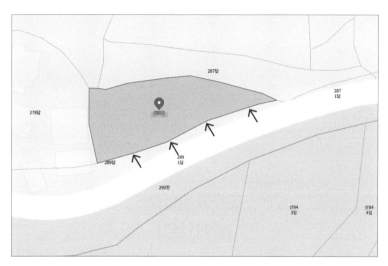

도로 이동·확장으로 수혜를 입은 토지 지적도. 화살표 방향으로 도로가 확장될 예정이다.

이 온다 해도 견뎌내야 한다. 이 말은 여러분을 위한 말이면서 동시에 나에게도 필요한 말이다. 성과를 내기 위해서는 스스로가 확신을 가지고 있어야 한다. 해당 토지를 매수한 지인은 이렇게 말했다.

> "이 땅을 보러 몇 번을 갔는지 모른다. 많이 생각하고 고민했다. 농사 짓는 시골 땅을 평당 70만 원을 주고 사려니까, 내가 미련한 짓을 하는 건 아닌가 참으로 고민이 많았다."

확신이 없다면 어떻게 이렇게 과감한 결단을 내릴 수 있겠는가? 임장을 간 시점엔 말 그대로 시골에 있는 흔한 땅에 불과했다. 이곳이 개발될 것이라 믿고 시간을 견디는 내공은 어디서 나오는 것일까? 물론 이 한 번의 투자로 정답에 다가갔다고 생각하지는 않는다. 한두 번의 성공은 운일지도 모른다. 여러 번 반복해서 성공해야만 확인할 수 있는 것이 실력이다.

도로가 들어설 예정인 토지

해당 사례에서 표시한 예정 도로는 아직 확정된 것은 아니다. 현장에서 확인해야 하며, 계획이 발표되는지 살펴야 한다. 이곳은 평택시 안중읍 송담리로 서해안 복선전철 안중역이 들어올 예정이다. 물론 착공은 벌써 시작되었으며 철도노반공사는 거의 끝나가고 역사공사를 시작하고 있다. 2025년 말쯤이면 지하철이 여기를 통해서 서울까지 개통될 예정이다.

주변은 10만 명이 거주하는 안중읍이다. 지금은 분위기가 조용하다. 사람들은 뭐가 눈에 보이기 전에는 움직이지 않는다. 개발을 발표하고 착공할 때 땅값은 가장 많이 오른다. 착공을 하고 굴착기가 움직이면 그때 또 오른다. 당연히 완공을 하고 상업지구로 바뀌는 지역도 생긴다. 아직은 사람들이 움직이지 않으므로 투자자들도

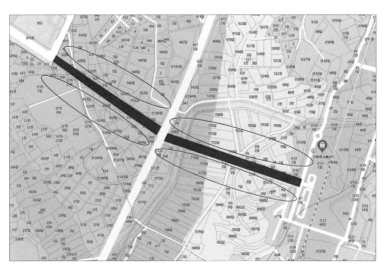

도로가 들어설 예정인 토지 지적도. 색칠된 곳이 예정된 도로고, 주변 동그라미 부분이 투자를 고려해볼 만한 곳이다.

움직이지 않는다. 지금도 곳곳을 찾아보면 기회가 많이 있다.

현장에 가면 수용될 땅이라고 투자를 안 하려고 한다. 물론 수용되면 손해를 볼 수 있다. 수용되지 않고 남은 땅은 대박이 날 수 있다. 결국 확률 게임이다. 아마 이곳을 가보면 예상외로 땅값이 비싸서 놀랄지 모르겠다. 좀 괜찮은 땅은 평당 300만 원은 달라고 할 수 있다. 이곳도 10년 전에는 30만~40만 원이면 골라서 살 수 있는 그저 그런 농지에 불과했다. 지금은 시골 땅이라 얕보면 곤란하다. 개발지는 5~6년 만에 5~6배는 올라간다. 1년에 100%가 상승한다. 물론 일반적으로 그렇다. 그중에는 별다른 수익 없이 못 버티고 판 경우도 많다는 점을 염두에 둬야 한다. 그래서 중요한 것이 바로 끈기다.

만일 성향상 오래 견디지 못할 것 같다면 건축이 가능한 땅을 사야 한다고 생각한다. 개발 가능한 땅은 어느 정도 환금성이 있기 때문이다. 병은 한 가지지만 치료약과 방법은 다양하다는 것을 요즘에 깨닫는다. 지난 50년간 쌀값이 50배, 기름값이 77배 뛰는 동안 땅값은 3천 배가 올랐다고 한다. 이러는 동안 우리는 과연 무엇을 하고 있었던 걸까? 기회가 우리 주변에 널려 있는데 왜 움직이지 않는 걸까? 누구를 탓할 일이 아니다. 당장 임장을 나가자. 운동 삼아서 부지런히 움직이다 보면 살도 빠지고 돈도 벌 수 있다. 더불어 실력도 는다.

토지 투자는 부동산 투자의 꽃이자 근본이다. 건물도 결국은 땅에 두 발을 딛고 서 있기 때문이다. 아무리 좋은 건물도 나쁜 땅에서는 제 가치를 내기가 힘들다.

땅에서 찾은
부자 나라로 가는 티켓

"나는 부동산으로 10년 안에 100억 원을 벌었다."

지금 100억 원을 가지고 있다는 것은 아니고, 앞으로 10년 안에 이룰 나의 포부이자 목표다. 어떻게 이뤄가는지는 지금부터 지켜보면 된다. 중요한 것은 명확한 목표를 가지고, 목표를 이루기 위해 살고 있다는 사실이다.

『당신의 소중한 꿈을 이루는 보물지도』를 쓴 모치즈키 도시타카는 30년 동안 10억 원을 투자해 세계적인 부자들과 성공한 사람들을 연구했고, 그 결과 일반인도 쉽게 목표를 이룰 수 있는 최상의 성공 노하우인 '꿈의 설계도'를 만들어냈다. 이 '보물지도'를 통해 그는 원하는 대부분의 목표를 달성했고 베스트셀러 작가가 되었다. 그런데 이 책대로 따른다고 당장 부자가 되는 것은 아니다. 많은 사람이 책을 읽고 강의도 듣고 시간과 돈을 투자하지만 모두가 대저택에 살며 슈퍼카를 모는 것은 아니다.

여전히 현실은 냉혹하다. 세상은 가난한 사람들로 넘치고, 아이들 학원비와 뛰는 집값에 여행은 고사하고 여유 있게 동네 뒷산에 갈 시간도 없는 사람이 태반이다. 책도 열심히 읽고, 강의도 듣고, 멘토를 만나서 코칭도 받는데 왜 우리 삶에 변화가 없는 걸까? 역시 그냥 저자의 이야기에 속은 것에 불과할까?

목표를 가지는 것, 생생하게 상상하는 것, 보물지도, 비전보드 등은 자동차로 치면 연료에 불과하다. 엔진이 있어야 하고, 바퀴가 있어야 하고, 브레이크도 필요하다. 좋은 연료만 가지고 있다고 목적지에 가지 못한다. 한마디로 시스템이 상호 유기적으로 움직여야 원하는 목적지에 갈 수 있다.

핵심이 되는 엔진은 기술이자 능력이다. 자신만의 기술과 능력을 가져야 한다. 영업·마케팅을 잘하는 것도 기술이고, 집을 짓는 건축도 기술이고, 주식 투자를 잘하는 것도 기술이고, 아파트를 잘 사고 파는 것도 기술이다. 직장생활을 잘하는 것도 기술이고, 글을 잘 쓰고 강의를 잘하는 것도 기술이다.

엔진 다음엔 바퀴가 필요하다. 바퀴는 그러한 탁월한 기술을 잘 파는 영업력이다. 잘 만들기만 하고 팔지 못하면 내 주머니에 들어오는 것이 없다. 그래서 잘 파는 사람에게 수수료나 대가를 지불하고 파는 것이다. 잘 파는 능력을 보유한 사람을 고용하거나 대가를 지불하고 의뢰를 맡기면 된다. 어쨌든 기술과 능력을 잘 팔아야 수익이 생기고, 부가 축적되고, 더 큰 시장에서 규모 있는 사업을 할 수 있다.

마지막으로 브레이크는 잘 쉬는 능력이다. 자동차가 쉬지 않고 달리면 결국은 엔진이 과열되거나 열로 인해서 바퀴가 터진다. 즉 사고가 난다. 사람도 쉬지 않고 달리기만 하면 과열되고 스트레스로 병에 걸린다. 그래서 달리는 것만큼 잘 쉬고 재충전하는 것도 중요하다.

상상력은 곧 자동차의 연료다. 연료가 없으면 차가 움직이지 못한다. 마찬가지로 다른 부품도 각자의 역할이 있다. 각자의 역할이 유기적으로 문제없이 잘 맞아서 돌아가야 원하는 목표를 이룰 수 있다. 연료만으로 목적지까지 갈 수 있다고 착각하고 살았다면 이제라도 생각의 전환이 필요하다. 어쨌든 연료가 있으니 한 가지는 갖춘 것이다. 이제 방법을 알았으니 열정을 가지고 목표를 이뤄나가기만 하면 된다.

실수는 있어도
실패는 없다

그동안 돈을 벌고 성공하기 위해 많은 노력을 해왔다. 그래서 원하는 것을 얻었는가? 대부분은 원하는 것을 얻지 못했을 것이다. 오래전부터 성공한 사람이 되고 싶어 많은 교육을 듣고, 돈을 투자하고, 성공학 관련 책을 많이 읽었다. 그 과정에서 의미 있는 변화도 있었다. 부정적인 생각으로 가득 찬 마음이 긍정적인 생각으로 바뀌었다.

2006~2007년에 하라다 다카시의 『꿈을 이루는 성공의 교과서』라는 책을 8번 읽었다. 저자는 '스몰스텝'의 중요성을 강조한다. 작은 성공의 경험을 축적해야 큰 성공을 얻을 수 있다는 것이다. 야구 천재 이치로 스즈키, 골프의 황제 타이거 우즈가 1년 중 야구 배트와 골프채를 손에 잡지 않는 날이 과연 얼마나 될까?

오늘도 여전히 퇴근 후 지친 몸을 이끌고 자기계발 강의를 듣거나 재테크를 공부하기 위해 많은 사람이 강연장으로 달려간다. 존경한다. 정보는 어디에서나 차고 넘친다. 그 흔한 유튜브에도 공부할 거리가 넘치는 것이 현실이다. 문제는 정보의 홍수 속에서 길을 잘못 찾아 엉뚱한 곳에서 시간을 낭비하는 경우다. 이런 시행착오를 겪지 않으려면 올바른 멘토와 올바른 강의와 올바른 책을 만나야 한다.

세상에는 전문가가 너무 많다. 이제 막 공부를 시작하는 사람이

K-반도체 벨트 토지를 사라

진짜 전문가를 분별해내기란 어렵다. 그럼 포기해버릴까? 그렇지 않다. 끈기를 가지고 시간을 들이다 보면 촉이 생기고 문리가 트이는 순간이 온다. 토지, 상가, 건물 등 부동산을 봤을 때 바로 촉이 온다면 그 단계에 올랐다고 보면 된다. 그런 순간이 오면 누구나 원하는 것을 이룰 수 있다.

불변의 진리가 있다. 시간이 걸릴지언정 실패는 없다. 지금이라도 늦지 않다. 투자, 재테크, 성공학에 대해서 공부하자.

운을 부르는 마음가짐

'나는 운이 좋아서 돈이 마구 쏟아져 들어온다'라고 매일 100번 마음속으로 말하자. 나는 노트에 매일 100번씩 쓰는 일을 1년 이상 했더니 삶이 달라졌다. '이렇게 한다고 과연 뭐가 달라지겠어?'라는 생각이 든다면, 그렇게 될 것이다. 아무것도 달라지지 않을 것이다. 마음의 밭에 무엇을 뿌리느냐가 곧 우리가 수확하게 될 결실이다.

사람은 누구나 생각하는 대로 된다. 현대 성공철학의 아버지로 알려진 나폴레온 힐, 데일 카네기 등 많은 위인에게 영향을 준 『제임스 앨런의 생각의 지혜』는 말한다. 사람은 누구나 생각한 대로 살게 된다고. 매일 부정적인 생각을 하면서 잘되기를 바라는 사람은 콩을 심어놓고 팥이 나기를 바라는 사람이다. 팥이 나기를 원한다면 팥을 심어야 한다. 마음의 밭에 부자의 씨앗을 심어야 부자가 된다.

매일 나는 잘못될 것이라고, 실패할 것이라고 생각하고 외치고 다니면서 잘되기를 바라는 것은 도둑의 심보다. 잘되기를 원한다면 매일 주문을 외우고 깨어 있어야 한다. 그래야 돈을 벌 아이디어가 나온다. 그래야 돈을 벌어줄 사람을 만난다. 나도 그렇게 아이디어와 사람을 만났다.

부정적인 사람이 부자가 되고 성공한 사람이 되면 그게 이상한 일이다. 종잣돈을 모으기 전에 마음부터 부자의 마인드로 고쳐야 한다. 이것이 부자 나라로 가는 티켓을 끊는 방법이다. 티켓을 끊지 않고 기차를 타겠다는 것은 억지다. 티켓은 누구나 살 수 있다. 그러나 아무나 살 수 있는 것은 아니다.

과거에는 나도 그랬다. 굉장히 부정적이었다. 주어진 환경이 그랬고, 성향이 그랬다. 고치지 않으면 그 부정적인 괴물이 나를 삼켰을 것이다. 남들이 가진 것을 부러워하지 말고 자신이 가진 조그만 것이라도 감사를 느껴라. 그런 상태가 되면 자신을 받아들일 준비가 된 것이다.

부자의 그릇이 아닌데 부자가 될 리 없다. 부자의 자질은 스스로 만드는 것이다. 하늘에서 떨어지거나 다른 사람이 만들어주지 못한

K-반도체 벨트 토지를 사라

다. 과거의 부정적인 껍데기는 버려야 한다. 부자가 될 준비가 되어 있어야 재테크나 투자로 부자가 될 수 있다.

긍정적인 자기최면을 거는 것은 인생을 생각대로 경영하기 위해서다. 때로는 기도로서, 때로는 강제적인 명상으로 실천력을 다질 필요가 있다. 인생을 너무 운에 기대는 것은 올바른 방향성은 아니다. 하지만 노력만으로 해석되지 않는 현상이 세상에는 너무 많다. 과거 강남에 있는 아파트에 투자했다면 대부분은 많은 돈을 벌었을 것이다. 그것을 단지 노력의 결과라고 해석하기는 어렵다. 운이 다 했다고 해석하기도 어렵다. 운과 노력이 적절하게 작용하고 있다고 보면 된다.

특히 부동산 투자는 알게 모르게 돈복(쇠복)이 작용해야 한다. 어디를 사서 대박이 났다는 이야기의 대부분은 통계로 설명되지 않는 운에서 기인한다. 다시 말하지만 운이 전부라고 하는 것은 아니다. 운이 삶의 일부분이란 뜻이다.

서양에서 말하는 행운(Lucky)이나, 동양의 복(福)이나 별반 다르지 않다. 조상들은 아침에 정한수를 떠놓고 기도를 했고, 마을 느티나무에 제사를 지냈고, 동물이나 식물에도 영혼이 깃들어 있음을 부인하지 않았다. 늘 기도하면 좋아진다고 믿어왔다. 그 믿음이 결국은 복으로 돌아온다.

친구들의 수준이
나의 수준이다

지금 내 주변에는 돈을 많이 가진 부자가 많다. 원룸과 공장을 임대해 월수입으로 1억 원 이상을 찍는 사장님도 계신다. 또 안성에서 손에 꼽힐 정도로 땅을 많이 보유한 어느 회장님과도 협업을 진행하고 있다. 대규모 공장과 물류창고를 운영하고 계시는 고향의 선배님도 계신다. 이런 분들을 통해서 정보를 얻고 나도 한 단계 업그레이드하고 있다.

자신의 자산은 자기가 자주 어울리는 사람들의 평균 재산에 수렴한다고 한다. 부자들의 세계는 내가 끼고 싶다고 마음대로 끼지 못한다. 비슷한 수준에서 놀아야 한다. 부자 친구와 놀고 싶으면 몇 단계를 거쳐서 비슷한 재산 수준이 되어야 한다. 그래서 유유상종이라고 하나 보다.

한 친구는 지금 500억 원 이상의 자산을 가지고 있다. 감히 흉내 내기도 어렵다. 나도 원룸 건물을 지어서 매매하는 식으로 그 친구의 길을 따라가고 있다. 입지 좋고 개발이 가능한 땅을 사서 건축사나 토목설계사, 종합 건축회사를 만나서 건축을 의뢰한다. 물론 실제로는 복잡한 과정이지만 주변에서 그렇게 돈을 버니 나도 용기를 내 건물을 올렸다. 완공을 하고 임대 시장에 내놓으니 공실 없이 매월 1천만 원이 들어온다. 조물주 아래 건물주가 된 것이다. 물론 세상에 공짜는 없다. 건물을 관리하고, 임차인의 문제를 해결해줘야 한다. 이게 힘들고 귀찮고 피곤하면 부자가 되기는 어렵다. 이 정도는 편하고 쉽게 해야 한다.

제대로 관리하다 보면 건물의 가치가 조금씩 올라간다. 2년이 지나고 양도차익에 대한 세율이 떨어지면 시장에 판다. 그렇게 2억 ~3억 원을 투자해서 세금을 떼고 2억 원을 벌었다. 그렇게 불린 투자금으로 다시 같은 작업을 반복한다. 연달아 5번 정도 성공하면 10억 원가량의 자산이 생긴다. 팔고 싶지 않다면 임대수익만 누려도 좋다. 매월 1천만 원이면 1년만 모아도 1억 2천만 원이다. 이 돈을 종잣돈 삼아 다시 한 채를 더 짓는다.

처음이 어렵지 두 번째, 세 번째는 쉽다. 경험이 있기 때문에 실패 확률이 크게 준다. 이제 앞서 내가 왜 부동산으로 10년 만에 100억 원을 벌겠다는 포부를 밝혔는지 이해가 되는가? 욕심을 부리지 않고 입지가 좋은 곳에 땅을 사서 건축을 해도 되고, 그냥 땅만으로 돈을 버는 방법도 있다. 이런 식으로 하다 보면 좋은 엔진이 갖춰지고 경험 속에서 영업력도 생긴다.

나는 이러한 과정을 밟아 성공한 부자들을 많이 만났다. 평범한 그들도 해냈으니 당신도 할 수 있다. 과정은 고통스럽다. 처음 하는 일이니 잘 안 풀리고 실수를 하는 것은 자연스러운 일이다. 밑비닥에서 20억~50억 원 정도의 재산을 만들기가 가장 어렵다. 목표를 갖고 정진하라. 목표가 없는 미사일이 어디로 향할까? 목표가 없는 배가 어딜 떠다닐까?

부의 추월차선을 찾아서

돈에 눈이 멀면
돈을 벌지 못한다

아이러니하게도 너무 돈만 쫓으면 돈이 보이지 않는다. 돈을 벌 아이디어도 막힌다. 조급하기 때문이다. 여유가 있어야 돈을 벌 아이디어가 나온다. 정신이 맑아져야 길이 정확히 보이고 올바른 판단을 할 수 있다. 나는 운동을 겸해서 공원에 산책을 자주 나간다. 갔다 오면 정신이 맑아지고 돈을 벌 수 있는 아이디어가 생긴다. 책을 쓴 것도 이런 습관에서 비롯된 것이다. 높이 나는 새가 멀리 본다고 했다. 눈앞만 생각하면 좁고 작은 것밖에 보지 못한다. 그걸 뛰어넘으려면 많은 사람과 만나야 하고, 많은 책을 읽어야 하고, 다양한 경험을 해야 한다.

많은 이들이 이사를 귀찮아한다. 나도 자취를 할 때는 5~6곳 이사를 다녔다. 이삿짐을 싸고 치우고 용달차에 싣고 이사를 한다. 짐들을 또 새로운 자리에 풀고 정리해야 한다. 이렇게 번거로운 일을 좋아할 사람은 없다. 그중 내가 살았던 건대역 근처는 오늘날 가장 핫한 동네가 되었다. 꼬마빌딩과 단독주택 가격이 많이 올랐다. 이들은 지금 부자가 됐다. 나는 결혼 이후 노원에서 20년을 살았다. 이곳은 집값이 서울에서 가장 늦게 오르고 가장 빨리 내리는 곳이다. 만일 용기를 내 몇 번의 이사를 더 했다면 지금보다 나은 삶을 살았을 것이다. 과거를 돌아보면 우리의 선택이 옳았는지, 틀렸는지 분명히 보이지만 앞으로의 길은 잘 보이지 않는다. 10년 후에는 어떻게 될까?

귀찮다는 이유로 상급지로 갈아탈 기회를 포기할 것인가? 귀차니즘을 버리는 것이 곧 부자로 가는 길이다. 귀찮아서 토지를 보러 다니는 일을 마다하는 사람은 토지를 보는 안목이 생기지 않는다. 안목이 없으면 두렵기 마련이고, 두려우면 투자를 못한다. 지금이라도 임장을 다녀야 한다.

다른 사람들과 고만고만 대충 사는 것은 쉽다. 비슷하게 생각하고 비슷하게 움직이면 된다. 이런 사람이 부자가 될 가능성은 낮다. 쉬는 날이면 침대에 누워서 꼼짝하기 싫은가? 이런 식으로 1년, 5년, 10년 나이만 먹으면 남는 것은 없고 후회만 남는다. 나도 귀차니즘에 빠져서 제대로 못하는 일이 많다. 그래서 작은 습관이라도 실천해서 그 벽을 깨고자 노력했다. 그 결과 책을 6권 썼고 강의와 세미나, 현장답사와 컨설팅을 주도하고 있다.

누구나 관심만 있다면 할 수 있는 일이다. 강의가 비싸고 돈 들어가는 것이 극도로 싫다면 도서관에 가면 된다. 도서관에서 해당 분야의 책을 찾아서 읽고 자기 것으로 만들면 된다. 나도 그렇게 했다. 책을 써서 출간하는 길이나, 부동산을 사서 돈을 버는 길이나 비슷비슷하다. 하나를 성공하면 다른 분야에서도 성공할 가능성은 높아진다. 그런 단계가 되면 귀차니즘이 뭔지도 모르고 일하고 작업하는 재미에 푹 빠져서 자동적으로 움직이는 단계에 이른다. 이런 꿀맛을 보고 싶다면 이불을 걷어차고 밖으로 뛰어나와서 과감히 움직여야 한다.

『내 안의 부자를 깨워라』의 저자 브라운스톤도 이사를 하도 자주해서 이삿짐센터 사장과 친해졌다고 한다. 돈복이 없는 이유는 우리 내면 깊이 뿌리내린 본능, 귀찮음과 나태함을 극복하지 못해서다. 당신은 어떻게 귀차니즘을 극복할 것인가?

부의 추월차선
위에서

부동산에 투자하라, 가치주에 투자하라, 65세에 은퇴할 때를 대비하라, 꿈을 가져라 등 자기계발 강의를 들으면 언제나 초등학교 선생님의 이야기처럼 교훈적이고 교조적이다. 자수성가한 백만장자 엠제이 드마코는 자신의 책 『부의 추월차선』을 통해 직장을 다니지 말고, 펀드나 연금보험에 가입하지 말고, 자기 사업을 하고, 그 사업체를 팔아서 부자가 되라고 말한다.

곧이곧대로 따를 수 없는 내용이지만, 이 책에서 가장 와 닿은 것은 자신만의 '생산수단'을 가지라는 것이다. 책을 읽지만 말고 책을 써야 한다. 회사에 다니지만 말고 회사를 만들어야 한다. 월급을 받지만 말고 월급을 줘야 한다. 다 같은 이야기다. 주어진 월급에만 만족하는 직장인이 아니라면 자신만의 생산수단을 찾아 부의 추월차선에 설 준비를 해야 한다. 돈이 열리는 나무를 가져야 한다.

사람들은 돈을 번 결과만을 중요하게 생각하지만 중요한 것은 혹독한 과정에 있다. 인간의 나태한 본성과 반대로 살아야만 성공할 수 있기에 대부분이 실패하는 것이다. 『내 안의 부자를 깨워라』의 저자 브라운스톤은 45억 원을 벌었다가 다 까먹고 다시 재기해 25억 원을 번 이야기를 책에 담았다. 저자는 한 종목에 투자했다가 큰돈을 잃고 불면증과 상실감에 시달린다. 그러다 100억 원대의 부자 친구를 찾아갔다. 친구는 말한다.

　　"처음엔 누구나 다 돈을 잃게 되어 있다. 하지만 거기서 교훈을 얻었다면 다 잃은 건 아니야. 그리고 성공의 비결은 절대로 도중에 절망하거나 포기하지 않는 데 있다."

　나도 비슷하다. 저자만큼은 아니지만 많은 실패를 경험했다.『부의 추월차선』에서 말하는 과정은 정말 혹독하다. 그 혹독한 과정을 견뎌야만 부자가 된다. 시련의 깊이와 들인 시간만큼 부자가 된다. 실패해도 괜찮다. 도중에 절망하거나 포기하지 않으면 된다. 좀 위안이 되지 않는가?
　많은 사람이 부동산 투자를 하겠다고 공부를 하고, 강의와 세미나를 듣고, 답사를 하지만 대부분은 실패를 한다. 당연히 시장에는 자신보다 훨씬 강한 고수들이 많다. 그 속에서 초보자인 당신은 그들의 먹잇감일 뿐이다. 그럼 투자를 하지 말아야 할까? 아니다. 부자로 가는 길은 좁고 험하고 위험한 게 당연하다. 미리 예방주사를 맞고 가는 것이 좋다. 작은 실패를 여러 번 하면서 내성을 키우는 것이다. 죽지 않을 정도로 실패를 해봐야 한다. 멈추면 보이는 것들이 아닌 실패하면 보이는 것들이 있다.

나도 안산 선부역 저층 아파트를 샀다가 7천만 원을, 남해공용터미널 주변에 투자했다가 3천만 원을, 주식에 투자했다가 얼마인지도 모를 정도로 큰돈을 잃은 바 있다. 사실 지금도 제법 많은 빚을 안고 있다. 하지만 현재는 토지 투자로 큰 성공을 거뒀다. 이론적인 것과 경험은 이제 충분하다. 이 책이 세상에 나올 즈음에는 다른 게임을 하고 있을지도 모른다.

독점적인 물건에 투자하라

독점적인 물건에 투자해야 한다. 아파트를 사더라도 주변에 공급이 막힌 곳에 투자해야 한다. 앞으로 공급이 늘어날 가능성이 있는 곳은 투자를 삼가야 한다. 공급으로 인해 계속해서 하락할 가능성이 있기 때문이다. 신도시가 그렇다, 신도시는 주변에 공급 가능한 땅들이 많다. 아파트 가격이 상승하고 주변에 편의시설이 늘어나서 수요가 생기면 아파트 건축이 가능한 땅에 아파트를 건축할 수 있다. 그런 측면에서 보면 서울에 재건축이 가능한 강남의 오래된 아파트들은 주변에 공급될 땅이 부족하기 때문에 독점적인 권한을 가지고 있다. 이런 아파트를 사야 한다.

K-반도체 벨트 토지를 사라

산업단지 주변의 땅을 살 때도 마찬가지다. 주변에 상가가 있고 원룸촌이 형성된 곳이라면 원룸 통건물이나 땅을 살 때 주의를 해야 한다. 원룸이 계속 공급될 곳은 건물 투자에 신중을 기해야 한다. 지금은 공실 없이 차 있어도 공급이 늘면 경쟁력이 약화된다. 새 건물, 엘리베이터가 있는 건물, 편의시설과 가까운 입지 좋은 건물만 임대가 되거나 매매가 된다.

이런 사실을 알려면 현장에서의 경험은 필수다. 자신이 거주하지 않는 지역에 투자할 경우 현장에서 일하는 공인중개사를 친구 삼아 충분한 정보와 현지 사정을 파악해야 한다. 가장 위험한 투자는 매스컴의 이야기만 듣거나, 지인의 이야기만 듣고 소위 '묻지마 투자'를 하는 것이다. 투자를 고려한다면 최소 5~10번은 현장에 방문해야 한다.

독점적인 지위에 있는 물건을 구분할 능력이 있는가? 없다면 그 기술을 배우는 데 주저하지 말아야 한다. 독점적인 입지의 대명사는 명동의 네이처리퍼버블릭 부지가 대표적이다. 강남역 주변의 유동성이 풍부한 곳의 상가도 마찬가지다. 서울에만 독점적인 부동산이 있다고 착각해선 안 된다. 지방에도 독점적인 부동산은 널려 있다. 지방의 경우 그들만의 리그에서 경쟁률이 비교적 치열하지 않은 물건을 찾을 수 있다. 남들이 관심을 가지지 않지만 독점적인 지위를 지닌 물건에 관심을 가지고 투자해야 한다.

문제는 토지다. 좋은 토지를 찾는 것이 가장 어렵다. 토지 주변은 대부분 논과 밭이다. 이 물건이 독점적인 물건인지 아닌지 판단하는 것이 쉽지 않다. 건축을 통해 미래에 좋은 입지로 변할 곳이어야 하고, 어느 곳도 대체할 수 없는 위치를 차지하고 있어야 한다. 이런 위치를 알아내는 것은 단기간에 가능하지 않다. 여러 변수를 점검해야 한다. 예를 들어 햄버거 가게, 스타벅스, 화장품 판매점, 휴대폰 판매점이 인근에 위치하고 있다면 좋은 곳이다. 지방이라면 편의점이라도 있어야 한다. 그리고 유동인구의 동선을 파악해야 한다. '상가도 아니고 땅을 사는데 유동인구가 중요한가요?'라는 생각이 들 수 있다. 우리의 땅이 훗날 어떻게 사용될지 예측하기 위해서는 유동인구가 중요하다. 산업단지라면 입출구가 어디인지, 출근하는 직원들은 어디에서 통근버스나 대중교통을 이용하는지 파악하고 있어야 한다.

말이 쉽지 쉬운 일은 아니다. 그래서 부자가 특별한 것이다. 부자는 그런 어려운 과정을 이겨낸 사람들이다.

3장

부동산공법으로 본
성공 방정식

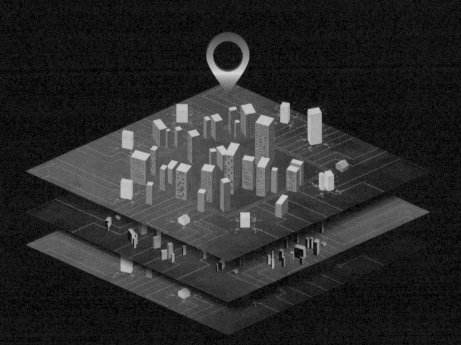

용도지역을 알면 돈이 보인다

공법과 사례를 같이 공부하라

　　그동안 나는 부동산공법에 대해 강의하고 세미나를 진행해왔다. 하지만 아쉽게도 대부분은 돌아서면 잊어버렸고, 실전에 응용하는 경우는 많지 않았다. 왜 그런 걸까? 예를 들어 부동산공법에서 용도지역 부분은 기본 중의 기본이다. 이 부분도 파고들면 한없이 깊이 들어간다. 우리가 돌아서면 잊어버리는 이유는 간단하다. 1~2시간 강연으로는 학습 내용을 완벽히 숙지할 수 없기 때문이다. 따로 내

| 용도지역 종류 |

도시지역	주거지역	전용주거지역	제1종전용주거지역
			제2종전용주거지역
		일반주거지역	제1종일반주거지역
			제2종일반주거지역
			제3종일반주거지역
		준주거지역	
	상업지역	근린상업지역	
		유통상업지역	
		일반상업지역	
		중심상업지역	
	공업지역	전용공업지역	
		일반공업지역	
		준공업지역	
	녹지지역	자연녹지지역	
		생산녹지지역	
		보전녹지지역	
비도시지역	관리지역	계획관리지역	
		생산관리지역	
		보전관리지역	
	농림지역		
	자연환경보전지역		

용을 정리하고 암기하는 공부 시간이 필요하다.

우리는 투자자다. 이론가도, 교수도, 선생님도, 강사도 아니다. 전문가일 필요도 없다. 투자자이므로 돈과 직결되는 부분만 숙지하면 된다. 전문가 수준이 아니어도 좋다. 하지만 최소한의 이론은 알아야 한다.

예를 들어 용도지역에 대해 대략적인 사항만 보자면, 용도지역은 크게 도시지역과 비도시지역으로 나뉜다. 도시지역은 다시 주거지역, 상업지역, 공업지역, 녹지지역으로 나뉘며, 비도시지역은 다시 관리지역, 농림지역, 자연환경보전지역으로 나뉜다. 자세한 분류는 도표를 참고하기 바란다.

토지이용계획확인서를 보면 맨 위에 용도지역이 표시된다. 용도지역은 그만큼 아주 중요한 사항이다. 건폐율과 용적률을 가늠할 수 있는 부분이기 때문이다. 용도지역에 따라 건폐율, 용적률이 달라지므로 토지의 가치를 결정하는 가장 중요한 요인이라 할 수 있다. 건폐율, 용적률이 큰 순서는 다음과 같다.

도시지역>관리지역>농림지역, 자연환경보전지역

이러한 정보를 알고 있다고 해서 내가 전문가일까? 그렇지 않다. 나는 투자자로서 기본적인 지식을 함양하고 있을 뿐이다. 엄청 실력

좋은 교수도 아니고 건축사도 아니다. 그저 현장에서 실무를 겪으면서 많은 사례를 지켜보고 몸으로 이론을 체득했을 뿐이다.

부동산공법은 일반인이 이해하기는 어렵다. 사실 무엇을 어떻게 공부해야 하는지 알기도 어렵다. 땅에 대한 관심이 있는 사람이라면 익숙할 수 있지만, 관심이 없는 사람이라면 말 그대로 '법'이기 때문에 난해할 수 있는 내용이다. 단언컨대 부동산공법 책을 3번 정독한 사람과 그렇지 않은 사람은 토지 투자에 있어 엄청난 차이가 생길 것이다. 정말 깊이 알고 싶다면 부동산공법 책을 씹어 먹을 각오로 공부해보자. 나아가 내용을 요약해서 다른 사람한테 가르칠 정도라면 말해 무엇하랴.

비결이 없는 것이
비결이다

부동산공법을 이해하고 용도지역을 빠삭하게 알아도 투자가 힘들 수 있다. '공부하라면서 순 사기꾼 아냐?'라고 생각할지도 모르겠다. 언제는 비결이 있는 것처럼 얘기하다가 이제는 비결이 없다고 말을 바꾸니 말이다. 수없이 밤을 새고, 수없이 현장을 쫓아 다녀도 늘 어려운 것이 투자의 세계다. 나는 현장에서 많은 것을 배우고

K-반도체 벨트 토지를 사라

익혔으면 비결도 알고 있다. 그런데 비결이 없다니, 웬 궤변이란 말인가?

하나하나 퍼즐을 맞춰나가야 한다. 이왕 토지 투자의 세계로 들어왔으니 여기서 승부를 봐야 한다. 배수진을 치고 더 이상 물러설 곳이 없어야 한다. 역사적으로 배수진을 치고 싸운 전쟁은 대부분 패배로 끝났다. 하지만 우리네 인생은 적군과 아군이 분명하지 않기에 배수진이 잘 통한다.

많은 투자자가 소위 전문가가 찍어주는 토지를 사고, 또 전문가의 지시를 받아 매도한다. 손쉬운 방법이지만 그들이 당신을 이용하지 말라는 법은 없다. 별로 가치도 없는 땅을 부풀려 악성 매물을 떠넘기고 유유히 사라지지 말라는 법도 없다. 대개는 그렇게 배드엔딩으로 끝난다. 우리는 해피엔딩을 바란다. 그렇다면 부동산공법을 배워야 한다. 부동산공법을 배우는 것이 곧 100% 성공을 보장하는 길은 아니지만, 적어도 사기를 당하고 실패하는 일은 줄어들 것이다.

준비된 사람에게 기회는 온다. 지금 당장 필요가 없더라도 배워야 한다. 내가 말하는 단어 중에 '나중'은 없다. 내가 말하는 단어 중에 '불가능'은 없다. 인간으로서 최선을 다한 다음 하늘의 처분을 기다려야 한다. 최선을 다하지 않고 핑계만 대다가 기회를 놓치고 하늘 탓을 하는 것은 의미가 없다.

왜 많은 사람이 공인중개사 시험을 보는 걸까? 언젠가는 써먹을 수 있고 지금 당장 내 생활에 지식으로 보탬이 되기를 바라는 마음에서다. 그런데 막상 배워도 달라지는 게 없어 실망을 한다. 현장에서 계약서 한 장을 써보지 않고, 아무런 실무 경험이 없기 때문이다. 사실 실무 경험 없이 딸 수 있는 자격증은 사고 치기 딱 좋은 자격증이다. 운전면허증도 필기만 보고 실기를 제대로 배우지 않으면 그대로 장롱면허가 된다. 공인중개사 자격증도 마찬가지다. 행동을 해야 얻는 게 있다.

나는 물고기만 잡아 주고 싶지 않다. 잡는 방법도 알려주고 싶다. 고기 잡는 방법을 알려줘도 물고기를 달라는 사람이 있다. 그런 사람을 현장에서는 '호구'라고 부른다. 그런 대접을 받는 것을 즐긴다면, 그렇게 하면 된다. 당하지 않고 기꺼이 전문가의 시선에서 동등하게 거래하고 돈을 벌고 싶다면, 실천하고 노력하면 된다.

K-반도체 벨트 토지를 사라

농업진흥구역
토지 투자

농업진흥지역이란
무엇인가?

농업진흥지역이란 시도지사가 농지의 효율적인 이용·보전을 위해 지정하는 일정 구역을 말한다. 용도에 따라 농업진흥구역과 농업보호구역으로 구분된다. 농지가 모여 있어 농업 목적으로 이용할 필요가 있는 지역이 농업진흥구역이고, 농업진흥구역의 용수원 확보 등 농업 환경을 보호하기 위한 지역이 농업보호구역이다.

농업진흥구역과 농업보호구역은 지을 수 있는 시설의 허용 범위

| 농업진흥지역에 설치 가능한 것과 불가능한 것 |

구분	농업진흥구역	농업보호구역
김치가공공장	O	O
육가공공장	O	O
종교시설	X	O
묘지	X	X
단독주택	X	O
낚시터	X	X
골프장	X	X

*설치가 허용되는 시설이어도 세부 조건 충족 필요   자료: 농림축산식품부

가 조금 다르다. 농업진흥구역은 농업 생산, 농지 개량과 직접 관련된 용도로만 토지를 사용할 수 있다. 다만 농림축수산물 가공·처리 시설, 농수산업 관련 시험·연구 시설, 농민주택, 농민 공동생활에 필요한 편의시설, 도로·철도 등 공공시설의 설치는 허용된다. 농업보호구역은 농업진흥구역에서 허용하는 행위를 할 수 있으며, 아울러

K-반도체 벨트 토지를 사라

농가 소득 증대에 필요한 시설(관광농원·태양광 발전설비 등)과 생활 여건 개선에 필요한 시설(단독주택·소매점 등)을 설치할 수 있다.

사실 농업진흥구역에서 가능한 건축물은 많지 않다. 설립 가능한 무주택 농업인의 단독주택, 농기계 수리시설, 농업용 창고, 농막, 간이 저온창고, 경로당, 어린이집, 유치원 등은 큰 투자 가치가 있는 것은 아니다. 따라서 입지가 좋다면 대체 토지 수요나 투자 수요를 확인해야 한다.

절대농지라고 피할 필요는 없다

과거에는 농업진흥구역을 절대농지라고 불렀다. 많은 투자자가 절대농지에 투자하면 안 된다고 한다. 그 이유는 무엇일까?

현장을 보지 않고 다른 사람 이야기만 들어서 그렇다. 왜 하면 안되는지에 대한 기준이 없다. 기준이 없는 사람은 남의 이야기에 흔들리기 쉽다. 그런 말을 믿고 자신의 전 재산을 걸고 도박을 하면 되겠는가? 투기가 아닌 투자를 하고 싶다면 내막을 정확히 알아야 한다.

농업진흥구역에서는 아무것도 못한다는 이야기는 누구의 말일까? 사실 일정 부분 제한이 있는 것은 맞지만 아무짓도 못하는 땅은 아니다. 농업진흥구역에서는 많은 행위가 이뤄지고 있다. 약점이 있지만 장점을 잘 살리면 투자 기회를 잡을 수 있다.

농업진흥구역에는 건축이 불가능하다고 한다. 왜일까? 실제 현장에서 이러한 땅에 건축물을 올리는 것이 흔하지 않기 때문이다. 내가 모른다고 없는 것은 아니다. 나는 수없이 많은 현장을 다니면서 공부하고 투자를 유치한 바 있다. 농업진흥구역은 건축이 제한적이지만 투자성만 놓고 본다면 좋은 매물이 많다. 그런 물건을 찾아서 투자하면 된다.

농업진흥구역에 투자한 이유

안성시 고삼면에는 서울세종 고속도로 고삼IC가 생기고, 주변으로는 양성면 추곡리에 안성테크노밸리가 들어온다. 그렇다면 도로가 확장될 가능성이 높다. 고삼면 대갈리에서 고삼면 봉산리로 직결되는 도로가 뚫릴 것이라는 것은 현장을 둘러보면 누구나 알 수 있는 정보다. 이런 정보를 발 빠르게 입수하면 그림을 그려볼 수 있다.

다음은 〈자치안성신문〉 2021년 4월 29일 자료다.

경기도가 고시한 20개 노선 중 안성은 지방도 302호선 고삼면 대 갈~봉산구간(3.04km, 1,018억 7천만 원) 신규 개설과 양기~양지구간 (2.13km, 211억 원)을 기존 2차선에서 4차선으로 확장하는 노선이 포함 됐다. 고삼면 대갈~봉산간 신설도로는 김보라 시장의 공약사항으로 기존 지방도 306호선과 경기도에서 추진 중인 고삼-삼죽간 도로를 연결하는 노선으로, 세종~포천 고속도로(안성바우덕이 휴게소)와 용인반도체클러 스터 일반산업단지 등을 고려한 안성시 장래 체계적 교통망을 구성해 지 역 간 이동성과 안성시 북부지역 성장에 장기적 간선 축 기능을 위한 노선 이다.

내가 여러 투자자에게 토지를 매수해준 후에 이런 기사가 났다. 예측이 들어맞을 때는 중개를 한 나도 즐겁다. 틀리는 경우도 있지 만 투자는 언제나 리스크가 동반된다. 예상과 예측의 영역이다. 자 신만의 시나리오대로, 예상대로 일이 흘러가면 수익을 많이 올릴 수 있다. 물론 예측이 빗나가면 본전에 팔거나 손절을 하게 될 수 있다.

이 지역 2차선에 접한 땅은 평당 50만~55만 원 사이다. 아직은 2년이 넘지 않아서 매도할 생각은 없다. 우리보다 앞서서 토지를 매 수한 투자자는 20만~30만 원에 매수해서 100%의 수익을 올리고 엑시트했다. 팔지 않고 버틴 사람도 물론 있다. 2023년 3월, 이곳에 서 멀지 않은 용인 남사와 이동에 215만 평 용인 첨단시스템반도체

안성시 고삼면 대갈리 농업진흥구역 토지

국가산업단지 발표가 났다. 앞으로 3~5년 이내면 보다 큰 결실을 볼 수 있을 것이다.

투자는 기다림의 연속이다. 기다리면 분명히 결과가 나온다. 그런데 대부분은 기다리지 못하고 조급하다. 설익은 밥을 달라고 하면 줄 수는 있지만 맛은 없다.

사진 주변의 농지들은 4년 전부터 꾸준히 매매되고 있다. 그 이유는 시간이 지나면 자연스럽게 알게 될 것이다. 투자는 기다림의 연속이다. 그 기다림이 나의 예상과 맞아떨어질 때면 중개해준 사람으로서 큰 보람을 느낀다. 사진에 보이는 2차선은 서울세종 고속도로 고삼IC까지 직선으로 연결된다. 변화의 여지가 크다.

농업진흥구역의 토지는 그 한계와 가능성을 제대로 알고 사야한다. 아니면 투자금을 회수하는 시간이 많이 걸릴 수 있다. 최악의 경우는 매매가 안 된다. 농업진흥구역 투자는 개발 이슈가 있는 지역만 한정해서 사야 한다. 토지의 흐름이 눈에 보이는 지역에 투자해야 한다. 안 보인다면 아무리 좋아 보여도 넘기는 것이 좋다.

농업보호구역
토지 투자

많은 투자자가 농업진흥구역과 농업보호구역의 차이를 알지 못한다. 일단 '보호'와 '보전'이 들어가면 무언가 하자나 문제가 있는 것으로 오인한다. 이 부분을 정확히 구분하고 들어가야 손해를 줄이고 수익을 극대화할 수 있다. 사실 땅을 전문으로 하는 나조차 과거에는 농업보호구역은 되도록 피하려고 했다.

토지의 가치는 입지가 좌우한다. 입지 다음이 용도지역이고, 건축 가능 여부다. 보통 농업보호구역은 경치가 좋다. 저수지 근처에 주로 위치해 있어 주변에 카페나 음식점이 많다. 그런데 안성시 보개면 동평리는 그런 지역은 아니다. 근처 고삼저수지는 낚시꾼만 오

K-반도체 벨트 토지를 사라

가는 한적한 곳이다. 여러 번 이야기했지만 서울세종 고속도로 고삼 IC가 예정되면서 미래 가치가 주목받기 시작했다.

용인시 원삼면에 SK하이닉스 반도체 공장을 짓는다는 계획이 발표되면서, 원삼면과 백암면은 토지거래허가구역으로 묶였다. 그 여파로 투자자들의 이목은 틈새시장인 안성시 보개면으로 쏠렸다. 그동안 거래가 뜸하던 시골 농지들이 하늘 높은 줄 모르고 가격이 올라가기 시작했고, 많은 토지가 이때부터 손바뀜이 일어났다. 지금 소개하는 토지도 그 무렵 거래한 것이다.

농업보호구역에 건축 가능한 건축물은?

자, 그럼 농업보호구역에 건축 가능한 건축물에 대해 자세히 알아보자.

1. 농업보호구역에서 허용되는 행위
2. 관광농원사업으로 설치하는 시설로 그 부지 면적이 20,000㎡ 미만일 것
3. 주말농원사업으로 설치하는 시설로 그 부지 면직이 3,000㎡ 미

만일 것

4. 다음에 해당하는 시설로 그 부지 면적이 1,000m² 미만일 것

   a. 단독주택

   b. 제1종근린생활시설: 슈퍼마켓, 의원 등이 가능하다. 이용원, 일
   반목욕장 등은 허용되지 않는다.

   c. 제2종근린생활시설: 기원, 휴게음식점, 테니스장, 금융업소, 중
   개사무소, 게임장, 사진관, 학원 등이 가능하다.

   d. 일반음식점과 골프연습장은 허용되지 않는다.

'보호'라는 이름이지만 건축 가능한 건축물을 보면 개인 투자자
들이 선호하는 시설이 여럿 보인다. 이런 점을 노리고 투자를 하는
것도 한 방법이다. 해당 토지에 투자했다가 훗날 농업보호구역에서
해제되는 행운을 노리고 투자하는 것도 가능하다.

주변을 둘러보라. 건축물이라고 다 같은 건축물이 아니다. 단독
주택도 농어업인이 지은 것과 일반인이 지은 건축물을 구분할 필요
가 있다. 경지가 정리된 네모반듯한 곳에 단독주택이 있다면 농업인
이 지었다고 봐야 한다. 물론 일반인에게 매매는 가능하다.

시내와 동떨어진 2차선 주변에 편의점이 있는 건물이 보인다면
농업보호구역일 가능성이 있다. 물론 보전관리지역, 생산관리지역
도 음식점은 불가하지만 소매점은 가능하다. 계획관리지역에 비하

면 활용도가 떨어지지만 그렇다고 쓸모없는 땅은 아니다. 시골 농지를 볼 때 가장 주목해야 할 땅이 바로 농업보호구역이다.

건축 가능성에 베팅하지 말자. 개발 가능성에 주목하자. 개발이 어려운 곳은 소매점 한 채 짓는다고 큰돈이 되지 않는다. 입지를 보면서 앞으로 주변이 어떻게 변할지 고민해야 한다. 지역에 변화가 온다면 큰돈을 만질 기회를 잡은 것이다. 고속도로가 뚫리는 지역, 산업단지가 들어오는 지역, 택지개발을 하는 지역 주변을 눈여겨봐야 한다.

안성시 보개면 동평리에 상가를 지은 이유

이곳은 서울세종 고속도로 고삼IC가 생기는 곳에서 1.5km 정도 떨어진 곳이다. SK하이닉스 공장이 들어오는 곳에서 5km 떨어진 곳이다. 호재가 많기에 비쌀 것 같지만 매수 시점인 2020년 6월에는 이 일대가 그렇게 비싸지 않았다. 투자는 정보 획득도 중요하지만 자금을 확보하고 행동하는 일이 더 중요하다. 결국은 누구에게나 기회가 온다. 다시 한번 강조하지만 실천력의 문제라고 본다. 경험하고 행동하고 판단하고 벌고 있다 보면 기회가 선명히 보이는 순

안성시 보개면 동평리에 지은 상가

간이 온다. 이 순간을 알아차리면 정말로 큰돈을 번다.

　여러 호재가 있지만 동평리 땅을 산 이유 중 하나는 2차선에 접해 있기 때문이다. 앞으로 발전 가능성이 높은 토지라고 판단했다. 건물을 올렸지만 훗날 주변이 발전하면 수익을 내고 되팔 목적이다. 즉 운영보다는 차익을 생각한 투자다. 성공할지 실패할지는 아직 모르겠다. 현장에서 일을 하면서 느낀 감각으로 보면 일단은 성공에 가깝다.

　현재는 공실이 많다. 건물주도 지금은 지쳤을 것이다. 만약에 대출을 받았다면 대출 이자 걱정을 안 할 수 없다. 건물은 짓는 것은 타이밍의 싸움이다. 짓는 것은 언제라도 지을 수 있지만, 일단 지으면 부술 수는 없다. 나라면 지금이 아니라 좀 더 시기를 신중하게 타

건축물을 짓기 위한 기초공사(좌), 기초공사 중 바닥 골조공사(가운데), 바닥 골조공사 후
콘크리트 타설(우)

진했을 것이다. SK하이닉스 반도체 공장의 골조가 완성되고 건물의
윤곽이 드러나면 지을 것이다. 그때는 더 많은 공사장 인부와 직원
이 상주할 것이다. 유동인구가 급증하는 그때를 노려야 한다. 자존
심이 상하더라도 다른 사람의 의견을 충분히 들어봐야 한다. 독단적
인 판단은 투자 실패로 이어진다.

토지를 매수하고 건물을 짓고 임대를 놓는 과정에서 최고가로
사겠다는 투자자들이 제법 있었다. 하지만 건물주는 욕심을 부렸다.
지금은 그때보다 더 낮은 가격에 시장에 내놔도 문의조차 없다. 투
자의 세계에서 영원한 것은 없다. 목표한 수익에 접근하면 매도를
하는 것도 좋은 방법이다.

건축 현장을 잘 지켜봐야 한다. 투자는 관심이다. 현장을 좋아하
고, 현장에서 일어나는 일에 관심을 가져야 한다. 현장에 갔다면 일

기둥 철골공사 1(좌), 기둥 철골공사 2(가운데), 외벽공사(우)

하는 분들에게 음료수라도 드리면서 이야기를 나눠보라. 얻을 것이 많을 것이다. 정보를 얻으려면 뭐라도 들고 가야 한다. 가는 것이 있어야 오는 것이 있다. 건축에서 제일 중요한 것은 기초다. 기초가 튼튼해야 이상 없이 오래 갈 수 있다.

상가 건물의 외벽을 만드는 공사 현장을 보면 주택과는 좀 다르다. 주택은 사람이 잠을 자고 일상적으로 사용해야 하지만, 상가는 대부분 저녁에는 사용하지 않는 특성이 있다. 그래서 건축의 기준이 덜 까다롭다. 아무래도 재료도 저렴한 자재를 많이 쓴다. 가성비 때문이다.

상가주택은 최소의 투자금으로 최대의 이익을 남겨야 하는 사업이다. 자신이 운영할 생각이라고 해도 고급스럽게 만들기가 어렵다. 경우에 따라서는 매도를 해야 하는 일도 생긴다.

토지와 상가 투자,
두 마리 토끼 잡기

사진만 보면 건축을 하고 결과물이 뚝딱 나온 것 같지만 아무렇게나 간단하게 지을 수 있는 것은 아니다. 건물을 올릴 생각이라면 사실 보다 많을 것을 따져야 한다. 자신이 상가에서 직접 편의점이나 음식점, 사무실을 연다면 크게 고민하지 않아도 되지만 임대를 주고 싶다면 시장조사가 필요하다. 대부분의 건축주는 낙관적인 기대에 사로잡혀 '잘되겠지, 뭐' 하는 생각으로 건축을 시작한다. 임대가 되지 않으면 대출 이자 부담에 힘들어진다. 대출 이자를 내지 못하면 건물이 경매에 나온다.

이런 리스크가 있어 시장조사가 필요하다. 주변 임대 상황을 분석해보고 공인중개사무소에도 문의를 해봐야 한다. 자신의 전 재산을 걸고 남의 돈까지 빌려서 투자를 하는 일이다. 두부 한 모, 콩나물 1천 원어치도 비교해서 싸고 좋은 품질을 찾는데 왜 큰돈을 걸고 하는 투자는 덜컥 결정을 내리는가?

모두가 토지 투자는 어렵다고 한다. 뭐든지 남의 돈을 먹는 일은 쉬운 일이 없다. 많은 노력이 쌓여야 그때부터 노하우가 보이기 시작한다. 그런 과정을 거치지 않고 우연히 재수가 좋아서 돈을 벌면 나중에 되레 큰 손실을 볼 수 있다. 초심자의 행운은 행운으로 끝나면 좋은데, 거기서 오만해지면 남은 인생이 힘들어질 수 있다.

이 책은 그런 면에서 공부를 시켜주고 시행착오를 겪지 않도록 바로잡아주는 그런 책으로 남고 싶다. 초보자와 내공이 있는 고수가 다른 점은 고수는 해결책을 가지고 있다는 점이다. 그 정도 경지에 오르려면 단련하고 또 단련해야 한다. 젊을 때는 더러 실수도 해봐야 한다. 세상에 완벽한 것은 존재하지 않는다. 세상의 무서움도 알아야 한다. 돈을 잃어봐야 돈의 소중함을 알게 된다. 너무 교과서 같은 이야기라고, 잔소리라고 생각해도 좋다. 실수를 저질렀다면 가슴에 새기고 다시는 되풀이하지 않겠다고 맹세해야 한다.

나 역시 다시 돌아보기 싫을 만큼 실패를 많이 했다. 2009년에는 매일 밤 피눈물을 흘리면서 다시는 투자하지 않겠다고 맹세하고 또 맹세했다. 투자 실패로 큰 빚을 졌고, 사업도 어려워지면서 가져다 줄 생활비도 없었다. 매일 새벽에 걱정으로 잠이 오지 않아서 다음 카페에 시를 쓰고 또 썼다. 그때 실패하지 않았다면, 피눈물을 흘리지 않았다면 지금의 나도 없을 것이다. 너무 힘들어서 더는 투자에서 실패하지 않겠다고 다짐했고, 공부하고 현장을 다니고 경험을 쌓으면서 책을 쓰게 되었다.

다시 본론으로 돌아와서, 예시로 든 건물을 지으려면 건축비는 얼마나 들어갈까? 수년 전에는 평당 170만~180만 원이었지만 현재는 평당 300만 원 정도가 들어간다. 이 금액은 현장에서 건축주들

K-반도체 벨트 토지를 사라

을 통해서 확인한 사실이다. 물론 2층으로 더 견고하게 짓는다면 평당 500만~600만 원 정도로 높아질 수 있다. 평당가는 여러 변수가 작용하므로 천편일률적으로 적용할 수는 없다. 부대비용, 즉 마당에 아스콘을 까는 작업도 면적에 따라 비용이 다르다. 또 정화조나 수도만 해도 땅마다 비용이 다르고, 도로사용승낙서를 받거나 도로로 쓸 땅을 매입하는 비용까지 고려하면 정말 예측이 어렵다.

생산관리지역
토지 투자

전원주택 건축 후
매도한 사례

이 책에서 소개하는 다양한 사례를 통해 어떻게 토지를 사고 건축을 해야 하는지 생각해보기 바란다. 현장에서는 생산관리지역, 보전관리지역, 계획관리지역에 전원주택 단지를 개발해서 매도하는 사례가 많다. 베이버부머 세대가 은퇴할 때는 전원주택을 찾는 이들이 많았다. 아파트 가격이 올라가고 매물이 없어지자 그 여파가 전원주택 시장에 불어닥친 것이다.

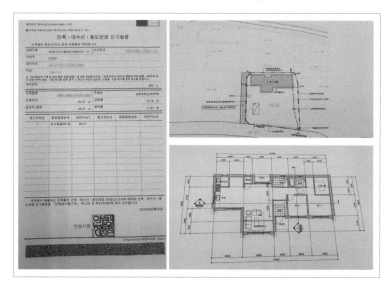

건축대수선용도변경 신고필증(좌)과 안성시 금광면 전원주택 건축설계도(우)

전원주택 사업을 하기 위해서는 토지를 살 때부터 준비를 잘해야 한다. 전원주택의 대체재가 무엇인지 확인할 필요가 있다. 아파트·단독주택·원룸·오피스텔 등 여러 가지 상품을 비교해서 분석해봐야 한다.

사실 현장에 있는 나도 전원주택을 매매하는 것은 쉽지 않다. 1가구 1주택 양도세 감면 혜택이 사라지므로 추천하기도 어렵다. 전원주택은 가격이 오르기 쉽지 않다. 대부분 한적한 시골에 위치해 있기 때문에, 그런 곳까지 상승의 수혜가 오려면 모든 부동산이 꼭지를 찍어야 한다. 내릴 때는 환금성이 없어 매도기 쉽지 않다.

매도를 고려한다면 오래된 구옥을 사서 철거하고 토지만 가지고 있는 것이 좋을 수 있다. 왜냐하면 이런 물건은 내 입맛에 맞는 건축물을 지을 수 있기 때문이다. 결국 토지도 상품이다. 무언가를 지어서 수익률을 극대화하는 것이 목적이다. 보상을 받거나, 주변에 택지개발지나 산업단지가 들어오거나, 교통 호재가 생긴다면 땅의 이용 가치가 올라가고 가격도 올라간다.

지금 소개하는 단독주택 부지를 매수한 분도 아파트 가격이 너무 오르자 실거주 목적으로 사신 분이다. 다행히 투자자가 아닌 실수요자여서 가격과는 무관하다. 물론 진짜 속마음은 모르겠다. 아주 멋지거나 좋은 설계도는 아니다. 저렴하게 되팔려는 목적으로 보면 된다. 본인이 장기간 거주할 생각이라면 이렇게 짓지는 않았을 텐데 속마음은 모르겠다. 현장을 다니다 보면 멋진 전원주택을 본다. 나도 나중에는 저렇게 지어서 살고 싶은 마음이 들기도 한다.

공인중개사무소를 운영하면서 나도 전원주택의 로망과 희망을 조금씩 내려놓고 있다. 고향에 부모님이 살고계신 주택이 있는데, 가끔씩 놀러가서 보면 고쳐야 할 곳도 많고 매일 청소를 안 하면 티가 난다. 게으른 사람은 관리하는 데 어려움이 많다. 집을 가꾸는 데 취미가 없다면 아파트가 제격이다.

안성시 금광면 단독주택 옆집은 내가 매매를 중개한 전원주택이다. 한참 아파트 가격이 꼭지를 찍자, 옆집도 3억 7천만 원에 매매가 되었다. 서울 아파트 가격을 고려해도 4억 원 가까운 값은 비싼 가격이다. 그때는 분위기가 그랬으니 어쩔 수 없었다.

최근 2년간은 전원주택은 찾는 사람이 없다가 요즘에서야 저렴한 농가주택을 찾는 수요가 좀 생겼다. 안성에서도 2억 원 전후의 주택을 찾는 수요는 꾸준히 있다. 그럼 이것을 노리고 2억 원 내외의 전원주택을 공급해도 된다. 그게 바로 투자의 아이디어다.

가분할 도면을 가지고 팔겠다고 다짐했을 때는 매매가 잘될 수 있다고 생각했다. 하지만 생각보다 매매하는 데 오래 걸렸다. 가격이 비싼 것도 아닌데 시간이 꽤 걸렸다. 이유는 무엇일까? 많은 투자자가 알고 있기 때문이다. 전원주택 투자를 잘못하면 늪에 빠진다는 사실을 말이다. 실제로 직접 짓다 보면 생각하지 못한 비용이 발생한다.

전원주택으로 돈을 벌고 싶다면

안성시 죽산면에 안면이 있는 지인 A가 전원주택을 건축 후에 매도하고 싶다고 말했다. A는 의정부에서 사업을 하다가 망해서 안성으로 왔는데, 재기를 위해 2020년 하반기에 지렴하게 땅을 사시 긴축을 진행했다. 보통 170~200평 정도 대지는 건축비만 평당 280만~300만 원 정도다. 이 기준이면 20평의 경우 6천만~7천만 원이 들고, 땅값을 대략 6천만 원으로 잡으면 총 1억 2천만~1억 5천만 원 가량이 소요된다. A는 그런 식으로 전원주택을 지어서 한 채당 5천만 원에서 1억 원의 이윤을 남기고 팔았다. A는 이렇게 해당 지역에서 부동산 건축업으로 성공했다.

시간이 지나, A는 여전히 발전하고 진화하고 있다. 원룸 통건물을 계획하고 건축을 준비 중이다. 이 주변에는 소규모 공장들이 많아서 원룸 수요가 넘치는 상황이다. 누군가는 그의 방식이 어렵고 복잡하다 생각할 수 있지만 막상 해보면 그렇지 않다. 그러나 누구나 따라할 수 있는 것은 아니다. A는 골동품을 싸게 수집해서 매매하는 사업을 병행하며 건축업을 이어가고 있다.

이번엔 B의 이야기를 해보겠다. B는 지난 3년 정도 고생을 엄청 했다. 안성시 죽산면에 지은 전원주택 단지가 매매되지 않았다. 아마 지역 분석과 수요 분석에 실패해서 그랬을 것이다. 처음에는 100평 땅과 150평 땅에 지은 전원주택을 3억 원과 3억 5천만 원에 팔겠다고 시장에 내놨다. 당시만 해도 나쁘지 않아 보였다. 그때는 시장 분위기도 좋았고 투자하려는 사람도 많았다. 하지만 팔리지 않았다. 적극적인 마케팅으로 한 채당 제법 큰 수수료를 걸고 유혹했지만 현장에서는 관심을 보이지 않았다. 나도 몇 번 도전했지만 결

K-반도체 벨트 토지를 사라

국 손을 들고 말았다.

2023년에는 100평에 지은 20평 건축물 가격을 2억 4천만 원, 150평에 지은 26평 건축물의 가격을 3억 원까지 내려서 전단지를 만들어 돌렸다. 나도 옆에서 도와 손님과 몇 차례 임장을 갔다. 아니나 다를까 다행히 3억 원짜리 매물은 팔렸다고 한다. 하지만 아직도 2억 4천만 원 매물은 남아 있다. 이렇게 팔기 어려운 것이 전원주택이다.

알아야 면장이라고 한다. 지금처럼 취업이 어려운 시기에는 면장이면 엄청 높은 자리다. 우습게 볼 수 있는 그런 자리는 아니다. 그냥 말이 그렇다는 것이다. 현장에는 참으로 많은 사례가 있다. 쉽게 돈을 버는 사례도 있고, 늪에 빠져 이러지도 못하고 저러지도 못하는 안타까운 사연도 많다. 예시로 든 설계도에서 나온 결과물 역시 매매업을 하는 사람의 작품이다.

이 사례를 가지고 나온 이유는 내가 아는 전원주택은 많지만 오롯이 처음부터 끝까지 지켜본 것은 별로 없기 때문이다. 집 짓다가 10년은 늙는다는 말이 빈말은 아니다. 나는 그런 일을 간접적으로 지켜보면서 건축업자의 생생한 이야기를 들을 수 있었다. 대부분은 한 채만 짓고 더 이상 짓지 않기 때문에 여러 사례를 접할 기회가 많지는 않았다.

전원주택에 투자하기나 건축으로 돈을 벌기 위해서는 첫째, 건축

건축된 안성시 금광면 전원주택

에 대한 공부를 철저히 해야 한다. 정말 하나하나 관여해서 경험해 본 사람의 책이나 강연으로 공부를 해야 한다. 내가 읽은 것 중에 기억에 남는 책은 국어교사와 건축가의 이야기를 담은 『제가 살고 싶은 집은』이라는 책이다.

둘째, 나만의 기준으로 맞춤형 집을 짓는 것도 좋지만 비용을 고려해야 한다. 그런데 비용이 많이 들면 좋다고 할 수 없다. 수익과 근사함 사이에서 적절히 타협을 봐야 한다.

셋째, 마케팅을 잘해야 한다. 주변 공인중개사들과 잘 지내는 것이 빨리 적당하게 수익을 남기면서 소위 '윈윈'하는 길이다.

넷째, 땅을 잘 골라야 한다. 흙이 좋아야 하고, 공기와 햇빛이 좋아야 하고, 냄새가 나지 않아야 한다. 가을이면 가을냄새가 나고, 겨울이면 눈 오는 풍경이 좋아야 한다. 실거주 목적을 가진 이들의 욕심을 채워주는 물건다운 물건을 찾기란 하늘에 별 따기다. 자신이 들어와 살고 싶은 땅이어야만 좋은 가격에 팔 수 있다.

다섯째, 마지막으로 성급한 욕심 혹은 이상만으로 접근하지 않았으면 좋겠다. 뒷감당이 쉽지 않기 때문이다. 왜 이렇게 부정적으로 이야기하는지 이해했으면 좋겠다.

이 5가지 수칙을 숙지하고 투자한다면 최소한 손절매라도 할 수 있을 것이다.

용인반도체클러스터 토지 투자

예시 사진은 내가 현장에서 브리핑을 하기 위해서 그렸던 북부 개발지도다. 이렇게 지도에 표시함으로써 투자에 대한 확신을 가질 수 있다. 물론 이 정도 정보를 지도에 표시하는 것은 초보 투자자라면 하기 어려운 일이다.

모든 것은 질문에서 시작된다. 서울세종 고속도로와 반도체 벨트가 생겼을 때 과연 SK하이닉스 직원들과 협력 업체 직원들은 어디에 살까? 또 어느 지역이 개발 수혜를 보게 될까? 이런 가능성을 염두에 두고 그려가는 것이다.

정보는 인터넷을 찾아도 좋고 KOSIS 국가통계포털, 국토교통부,

내가 나름대로 정리한 안성 북부 개발지도

미래철도DB, 각 지자체 사이트를 활용해도 좋다. 투자하고 싶은 지역의 지역 신문 또한 활용도가 높다.

토지 투자를 하는 데 있어서 정보를 찾고 안목을 기르는 일은 무엇보다 중요하다. 확신을 가지고 투자하기 위해서는 스스로 실력을 갖춰야 한다. 토지 투자에 관심이 생겼다면 이 책 한 권으로 끝나서는 안 될 것이다. 수없이 많이 시도하고 실패하더라도 포기하지 않는다면 원하는 것을 얻을 수 있다. 내가 부동산 문외한으로 시작해 이만큼 현장에서 자리를 잡은 것도 포기하지 않는 노력한 덕분이다. 분명 답은 있다.

용인 반도체 벨트
땅값의 미래

　2019년 용인반도체클러스터가 확정되고 안성시 보개면 일대 땅은 평당 100만 원 전후에서 움직였다. 그리고 수년 만에 한 단계 땅값이 껑충 상승한다. 만약 개발 호재가 없었다면 평당 20만~50만 원 정도에 불과했을 것이다. 현재는 평당 500만 원 이상이다. 그럼 용인반도체클러스터 땅의 미래라고 할 수 있는 고덕 삼성전자 공장 주변 땅의 시세는 어떨까? 현재 400만~1천만 원 사이로 움직이고 있다. 입지적 차이는 있지만 안성시 보개면 일대 땅도 비슷한 흐름을 보일 것이다.

　요즘은 과거처럼 정보 찾기가 어렵지 않다. 조금만 관심을 갖고 찾아보면 얼마든지 필요한 정보를 얻을 수 있다. 속칭 '눈탱이 맞는 것', 즉 어리숙한 사람을 속이는 일도 쉽지 않다. 모든 정보를 전문가나 일반인이나 비슷하게 알고 있다. 활용도에서 차이가 날 뿐이다.

　다시 돌아가서, 이런 땅에 투자한다면 원룸을 지을 공간과 상가를 지을 공간을 구분해서 봐야 한다. 2차선 주변 땅이라면 상가를 지어야 한다. 한 블럭 들어간 이면도로에 붙은 땅이라면 원룸 건물을 건축해야 한다. 대략적으로 얼마에 땅을 사서 건축을 해야 수익률이 나오는지도 파악해야 한다. 몇 번 경험해보면 어렵지 않게 알

안성시 보개면 동평리 토지에 지어진 상가

수 있다.

안성시 보개면 북가현리 아래쪽 동평리에 건축한 상가를 보자. 이 건물주도 토지 투자로 많은 수익을 올리고 있다. 300평을 평당 120만 원에 매수했고, 현재는 평당 350만 원까지 시세가 올랐다. 얼핏 계산해도 양도차익만 6억 9천만 원이다.

이제 나도 경험이 쌓이니 보이기 시작한다. 어떤 땅이 좋은지, 어떤 물건이 좋은지 구분해서 보기 시작했다. 안성시 보개면 북가현리의 토지들은 2~3년 전만 해도 평당 150만 원에 매물이 돌아다녔다. 현재는 용인반도체클러스터가 공사를 시작하면서 공사장 인부들과 사업 관계자, 주변 땅을 물색하는 실투자자가 들어오고 있다. 북가현리 토지들에는 상가건물을 지었다. 공사를 시작하자마자 바로 음식점을 하겠다는 임차인들이 생겨 계약을 했다. 토지 가격은 현재 평당 500만 원 이상인데 3배는 올랐지만 앞으로 더 오를 것이라 생각한다.

이 책에서 언급하는 사례들은 내가 직접 중개한 매물이거나, 나와 거래한 공인중개사무소에서 중개한 매물이기 때문에 정확한 내용이다. 가능하면 '카더라' 정보는 배제하고 직접 경험한 것을 토대로 이야기할 것이다.

쓸모없는 토지에
상가를 올리다

　　Y대표와의 만남은 2018년 초로 기억한다. 선릉에서 토지 강의를 하고 있는데 Y대표가 내게 연락을 했다. 그는 4번 강의를 신청했고, 중간에 건축에 관련된 부분은 본인도 잘 안다고 해서 따로 강의하지 않았다. 그렇게 인연이 시작되었다.

　　처음 만날 때부터 부동산 쪽으로 뭔가를 하고 있다는 느낌을 받았다. 알고 보니 원룸 건물을 건축하는 일을 하고 있었다. 주로 충북 혁신도시 주변 토지에 상가와 원룸 건물을 건축했다. 지금까지 5채나 건축을 해서 짭짤한 수익을 올린 꽤나 고수였다. 이 만남을 계기로 토지 투자와 컨설팅 방향에 대해 진지하게 고민하기 시작했다.

나는 그때까지 전작 『돈이 되는 토지를 사라』를 보고 찾아오는 고객에게 평택 땅을 컨설팅하는 일을 주로 했다. 불현듯이 Y대표가 공인중개사무소를 같이 운영하자고 제안했다. 마침 오랜 유목 생활에 지쳐 있을 때였다. 출근할 곳 없이 이곳저곳 강의를 다니는 것도 힘에 부쳤다. 2018년 말쯤에 제안을 받았다. 자신이 건축한 상가에서 공인중개사무소를 운영해보자는 제안이었다. 그러나 경기가 좋지 않아 없던 이야기가 되었다. 잔뜩 기대를 했는데 허무했다.

토지를 알고 건축을 한다면 더 많은 기회가 생긴다. 한 가지 무기만으로 전쟁을 하는 것과 여러 가지 다양한 무기를 가지고 전쟁을 하는 것은 차원이 다르다. 모를 때는 한 가지 방법을 이행하는 것도 힘들다. 하지만 한 가지를 알고 나면 다음 단계를 알고 싶은 것이 사람의 욕심이다. 지방이라도 투자할 물건은 있다. 오히려 가성비 좋은 지방이기에, 다양한 기술을 연마할 현장이라 할 수 있다.

쓸모없는 땅을 쓸모 있는 땅으로

2019년 8월쯤 음성에서 Y대표를 다시 만났다. 그동안 원룸 건물 몇 채를 더 건축해서 팔았고, 월 700만 원이 나오는 건물을 가지고

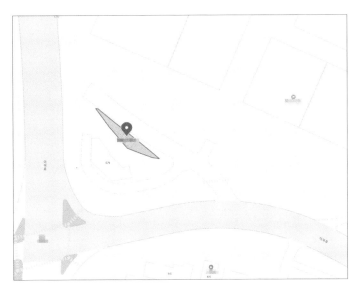

폐도로와 닿아 있는 얼핏 보면 쓸모없어 보이는 토지

있다고 했다. 부모님 토지에도 상가를 지을 계획이라 했다. 그렇게 얼핏 보면 쓸모없어 보이는 토지에서 2019년 9월 첫 삽을 뜨고 경계측량이 시작되었다. 이때부터 땅에 건축을 하는 과정을 자세히 살펴볼 수 있었다. 토지도 알고 건축도 알면 천하무적이다. 그동안의 토지 투자를 복기할 수 있는 좋은 기회가 되었다.

Y대표의 노하우와 나의 노하우를 합치면 시너지 효과가 생길 것이라 생각했다. 음성 토지는 매수할 시점에는 별로 좋은 입지가 아니었다. 그런데 Y대표는 과감하게 매수했고, 상가를 건축해서 공인중개사무소로 쓰고 있다.

기초 공사를 마친 음성 토지(좌), 완성된 상가의 모습(우)

  보는 안목만 생긴다면 현장에서 이런 토지를 사는 것은 결코 어려운 일이 아니다. 이 땅은 작은 토지지만 폐도로로 인해 점용 가능한 주차장 부지가 있는 것이 장점이다. 앞으로 소개할 여러 사례들을 벤치마킹해서 여러분도 땅 부자가 되기를 바란다. 우선 충분히 공부한 다음 현장에서 많은 경험을 얻었으면 한다.

  나는 건축에 대해서는 아직은 잘 모른다. 하지만 내 돈과 내 노력 없이 이룬 것은 오롯이 내 것이라 할 수 없다. 나도 건축을 하지 않고 토지 매매로만 돈을 버는 것을 미덕이라 여기던 시절이 있었다. 하지만 세상은 그리 호락호락하지 않았다. 피와 땀이 들어가야 참다운 내 돈을 벌게 된다.

  주변에서 임차인을 관리하는 것이 어려워 건물을 팔겠다고 하는 분을 종종 본다. 그들에게 묻고 싶다. 회사에서는 아무런 스트레

| 음성 토지 투자로 올린 수익률 |

면적	용도지역	지목	매수일	매매금액	건축비	건축 현황	매매호가	수익률
46평	계획관리지역	전	2013년	1천만 원	8천만 원	제2종 근린생활시설	5억 3천만 원	588.8%

스 없이 돈을 받을 수 있는가? 온갖 수모와 자존감에 상처 나는 일을 비일비재하게 겪는다. 그래도 때려치우지 못하고 다니지 않는가? 그 이상을 버는 일이라면 어느 정도 각오를 해야 한다. 아무런 상처 없이 편안하게 살고 싶은가? 세상에 그런 일은 없다. 고생 없이 돈을 벌겠다는 달콤한 유혹에 빠져 전 재산이 털리는 경우를 종종 본다. 그때 그런 선택을 하지 않았더라면 하고 자조 섞인 후회를 해보지만 버스는 떠난 다음이다.

토지 투자의 고수들은 우리가 상상하지 못한 싼 가격에 땅을 산다. 아니면 흔하지 않은 좋은 매물을 약간 비싸게 사기도 한다. 지인도 그랬다. 지인은 10년 전 46평을 1천만 원에 매수했고, 40평 상가를 지었다. 건축비는 대략 8천만 원이 들었다. 지금 매매호가는 5억 3천만 원 정도다. 거의 5.8배의 수익을 거두고 있다. 단순히 땅값만 봐도 평당 300만 원이 넘어간다.

건축을 알고 토지 투자를 하는 이점이 바로 이런 것이다. 수익률이 높아지고 활용도가 생기는 일이다.

4장

수익을 높이는
토지 투자의 기술

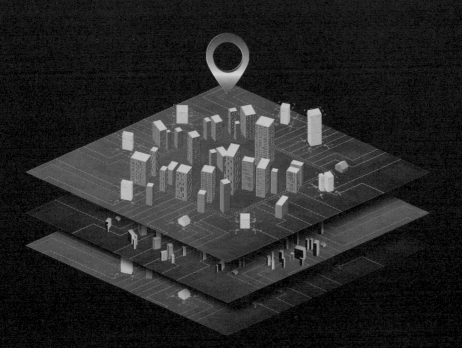

주식과 부동산의
경계는 없다

주식에 투자하라는 이야기는 아니다. 주식이나 부동산이나 투자의 관점에서 보면 비슷하다는 뜻이다. 그래서일까. 소액으로 주식에 투자해서 종잣돈을 모아 부동산 투자로 넘어오는 경우가 많다. 개인적으로 주식 투자를 잘하지는 못한다. 잘하고 싶다. 잃지 않을 자신은 있지만 큰돈으로 승부할 실력은 되지 않는다.

예시 그림은 반도체 후공정·테스트 관련 종목을 분석한 자료다. 순이익을 총주식수로 나누면 EPS(주당순이익)를 알 수 있다. EPS로 주당 얼마의 순이익을 벌었는지 알 수 있다. 아무리 기업의 전망이 좋아도 순이익이 없으면 회사는 버티지 못한다.

					현재가	EPS	PER	PBR	ROE	주당배당금	실적년도	신PER
				반도체후공정/테스트								
1	웨이퍼테스트	웨이퍼테스트	DDI,PMIC	네패스아크	29,350	118	8.54	1.47	0.57	0		248.73
2				엘비세미콘(LB세미콘)	7,700	918	7.18	1.07	16.16	0	2022년	8.39
3			CIS	테스나	45,150	2,900	15.66	2.44	15.02	162		15.57
				엘비세미콘(LB세미콘)	7,700	918	7.18	1.07	16.16	0	2022년	8.39
			AP	테스나	45,150	2,900	15.66	2.44	15.02	162		15.57
				네패스아크	29,350	118	8.54	1.47	0.57	0		248.73
				엘비세미콘(LB세미콘)	7,700	918	7.18	1.07	16.16	0		8.39
4			기타	와이아이케이	6,020	318	8.81	0.77	9.11	318	2022년	18.93
5	probe card			티에스이	52,700	542	98.63	2	2.08	500		97.23
6				파엘티(마이크로프랜즈)	8,450	-362	-12.56	0.93	-7.22	0	2022년	-23.34
7	STF기판			샘씨엔에스	7,270	302	13.12	1.72	13.82	0	2022년	24.07
8	번인테스트	번인테스트		유니테스트	13,560	-252	-41.73	1.5	-3.63	0	2022년	-53.81
9				엑시콘	17,950	664	23.79	1.11	4.94	100		27.03
10				디아이	7,160	283	21.23	0.99	5.19	0		25.30
			번인소팅	유니테스트	13,560	-252	-41.73	1.5	-3.63	0	2022년	-53.81
11				제이티	9,110	1,458	4.67	1.14	29.88	0	2022년	6.25
12			소켓,interface board	오킨스전자	12,250	161	114.05	9.81	8.36	0		76.09
13				마이크로컨텍솔	10,460	848	6.14	0.88	15.55	80	2022년	12.33
14				ISC	74,900	925	76.82	5.19	6.19	483		80.97
	Finial 테스트	파이널테스트		유니테스트	13,560	-252	-41.73	1.5	-3.63	0	2022년	-53.81
				엑시콘	17,950	664	23.79	1.11	4.94	100		27.03
15		테스트 핸들러		테크윙	21,550	-455	-25.44	1.97	-7.7	130		-47.36
				세메스(비상장)								
16		ic Test 소켓 Pin type	리노공업	208,500	6,685	31.34	5.78	19.53	2,900		31.19
		ic Test 소켓 silcon ty	ISC	74,900	925	76.82	5.19	6.19	483		80.97
		COK	테크윙	21,550	-455	-25.44	1.97	-7.7	130		-47.36
	모듈 테스트	모듈 SSD테스트	엑시콘	17,950	664	23.79	1.11	4.94	100		27.03
			네오셈	14,150	262	12.86	1.96	17.66	35	2022년	54.01
			테크윙	21,550	-455	-25.44	1.97	-7.7	130		-47.36
			디아이	7,160	283	21.23	0.99	5.19	0		25.30

반도체 후공정·테스트 주식 종목 분석(2024년 2월 24일 기준)

주가를 EPS로 나누면 PER(주가수익비율)이란 것을 알 수 있다. 주가가 1주당 수익의 몇 배가 되는가를 나타낸다. 예를 들어 A기업의 주가가 5만 원이고 EPS가 1만 원이라면 A사의 PER는 '5'다. PER가 높다는 것은 주당순이익에 비해 주식 가격이 높다는 것을 의미하고, PER가 낮다는 것은 주당순이익에 비해 주식 가격이 낮다는 것을 의미한다. 그러므로 PER가 낮은 주식은 앞으로 주식 가격이 상승할 가능성이 크다.

PBR(주가순자산비율)은 주가를 BPS(주당순자산가치)로 나눈 비율로, 기업의 순자산에 비해 주가가 얼마나 높은지 혹은 낮은지를 나

K-반도체 벨트 토지를 사라

타내는 지표다. 참고로 BPS는 순자산을 총주식수로 나눈 수치를 말한다. PBR이 '1'이라면 자산으로 청산 시 주식 가치는 나온다는 뜻이다. 즉 부도가 나도 주주들은 피해를 보지 않는다. 이런 식으로 종목을 분석하면 공부도 되고 주식이 재밌어진다. 경제 전반을 보는 눈도 좋아진다.

ROE(자기자본이익률)는 투입한 자기자본이 얼마만큼의 이익을 냈는지 나타내는 지표로, 산식은 '(당기순이익÷자기자본)×100'이다. ROE가 '20'이라면 투입한 자기자본의 20%를 순이익으로 벌어들인다는 뜻이다. 자기자본의 운영이 얼마나 효율적인지 나타낸다.

가치투자를 잘하는 투자자라면 아무것도 아닌 지식이지만, 이런 것을 알고 부동산에도 적용한다면 손실을 보지 않을 수 있다. 손실이 없어야 수익을 챙길 수 있다. 무조건 큰돈을 벌겠다고 시장에 뛰어들면 고수들의 밥이 되기 쉽다.

토지 투자만 하라고
이야기하지는 않겠다

아는 사람이 2차전지 주식을 주당 10만 원에 사서 70만 원에 팔았다고 한다. 이렇게 10억 원을 투자해서 번 돈 60억 원으로 건물을 샀다. 자, 보면서 무슨 생각이 드는가? '나도 주식 투자를 해서 10억 원쯤 벌어서 조그마한 건물이라도 사볼까?' 하는 생각이 들지는 않는가? 그런데 실제로 해보면 알겠지만 1천만 원으로 100만 원 벌기도 쉽지 않은 게 주식이다. 왜냐하면 실력이 안 되는데 욕심이 가득하니 심리적으로 깨지는 것이다. 그래도 자산 배분 차원에서 주식 투자는 해야 한다. 주식 투자를 부추기는 것은 아니다. 주식 투자만 하라고 이야기하지도 않겠다. 너무 위험하기 때문이다. 나도 1992~1993년쯤 주식 투자를 시작해서 지금까지 조금씩은 하고 있다.

주식 투자를 잘하기 위해서는 세상이 어떻게 변하고 있는지 눈여겨봐야 한다. 주식이 맞다, 부동산이 맞다 따질 필요는 없다. 검은 고양이든 흰 고양이든 쥐만 잘 잡으면 된다. 나는 투철한 사명감으로 부동산만 할 것이라고, 다른 분야는 알 필요도 없다고 주장한다면 따질 생각은 없다. 그렇게 살면 된다. 나도 오랜 시간을 고민했고 나름의 사이클대로 투자를 이어오고 있다.

처음에는 아주 넓게 시장 전체를 봐야 한다. 2,300여 종목이 있는 시장을 무슨 수로 하루아침에 공부하겠는가? 그중에서 범위를 조금씩 좁혀나가야 한다. 반도체, 2차전지, AI, 게임주 등 계속해서 범위를 좁히고, 최종적으로 30~50개의 우량한 종목이 추려질 때까지 고르고 또 고른다. 앞으로 시장을 주도해나갈 주식이 어떤 게 있

K-반도체 벨트 토지를 사라

는지 파악하고 현재까지의 실적도 분석해야 한다. 재무제표도 공부하면 좋다. 만약 금융 투자가 본업과 연계된다면 두 마리 토끼를 다 잡는 셈이다. 일도 잘하고 재테크에도 성공하는 방법이다.

다른 토지 투자자가 들으면 웃을지도 모르겠다. 토지 투자를 하는데 왜 주식 시장을 분석하고, 반도체에 대해 공부해야 하느냐고 말이다. 유목민 저자의 『나의 투자는 새벽 4시에 시작된다』에서 힌트를 얻었으면 한다. '남과 비교할 수 없는 노력'이 성공의 제1조건이라고 그는 말한다. 저자처럼 공부하고 열정을 불태우면 못할 일은 없다고 생각한다. 나 역시 그런 생각으로 반도체와 AI 분야를 공부하고 있다. 그래서 주식으로 돈을 벌었냐고 묻는다면, 아직은 미완성이다. 나의 꿈은 현재진행형이다. 때때로 조급하고 힘들기는 하지만 나를 믿고 꾸준히 가려고 한다.

개그맨 고명환은 현재 사업가이자 작가로 활발히 활동하고 있다. 그는 『이 책은 돈 버는 법에 관한 이야기』에서 독서로 찾은 자신의 성공 공식을 이야기한다. 책을 읽다가 뒤집어지는 순간, 즉 깨달음을 얻는 순간이 누적되면 성공할 수 있다는 것이다. 나중에 돈을 벌면 교통이 좋은 곳에 도서관을 짓겠다는 포부도 밝혔다.

고명환 작가는 자기 확언에 대해서도 강조했다. 바둑을 두는 사람보다 옆에서 훈수 두는 사람이 묘수를 더 잘 찾는 것은 마음가짐이 다르기 때문이다. 이거야 한다는 강박에 마음이 조급해지면 아무것도 보이지 않는다. 돈을 벌 때도 마찬가지다. 또 자기 확언의 중요성에 대해서도 강조한다. 생각을 바꾸면 삶의 구조가 바뀌고, 선순환이 만들어지면 돈은 저절로 따라온다.

여러 성공한 사람들이 자기 확언의 중요성을 강조하지만, 여전히 많은 사람이 믿지 않는다. 왜냐하면 한 번도 그런 경험이 없기 때문이다. 나는 여러 번 그런 경험이 있다. 자기 확언과 확신을 갖고 자신만의 전문 분야를 만들어서 3년, 5년, 10년을 꾸준히 한다면 반드시 성공할 것이다. 나는 반도체 관련 주식 투자와 반도체 벨트 토지 투자로 돈을 벌어서 나만의 성공학센터를 설립하고 싶다. 아직은 구체적인 장소와 재원, 조직을 만들지는 못했다. 천천히 조금씩 해나가야겠다.

산업단지가 아니라
업종이 중요하다

    시장에 나온 토지 투자 관련 책 중에 산업단지에 초점을 둔 책은 없는 것으로 안다. 그만큼 사람들의 관심이 없어서일 수도 있고, 사람들이 잘 몰라서 그럴 수도 있다. 무엇이 정답이든 적어도 우리는 알아야 한다.

    내가 누차 부동산과 주식, 성공학을 넘나들며 마인드의 차이가 결과의 차이로 나타난다는 점을 강조하는 데는 분명한 이유가 있어서다. 여러분이 어느 날 갑자가 30억 원의 로또를 맞았다고 가정해보자. 그 돈을 어떻게 관리하고 운영할 것인가? 명확한 답을 가지고 있는 분이라면 그 돈을 받을 자격도, 지키고 기울 자격도 있다. 하지만 막연하게 건물 한 채를 사겠다거나, 수익형 부동산에 투자해 월세를 받겠다거나, 세계여행을 가겠다거나 하는 식이라면 헛된 망상에 불과하다.

지금 로또에 맞지 않았다 하더라도 로또에 맞았다고 가정하고 준비해야 한다. 투자금이 100만 원밖에 없어도 종목 분석을 게을리하지 말아야 한다. 당장 수억 원의 현금이 없어도 원룸 건물을 사서 어떻게 관리해야 하는지 공부해야 한다. 현금이 생긴 다음에 투자를 생각하면 이미 늦고 실패할 가능성이 높다.

먼저 어디를 사야 할지 분석하고 임장을 해야 한다. 물론 이 분야의 고수라면 답을 이미 알고 있다. 정 모르겠고 답답하다면 고수에게 수업료를 지불하고 배우면 된다. 발로 뛰기는 귀찮고, 배움도 싫다면 시장에서 퇴출되든지, 오랜 시간 돈이 묶여 고생을 해야 한다. 배우고, 배우고, 또 배워라. 고통을 즐기면 행복한 시간이 온다.

주변 산업단지를 비교 분석해보자

평택 지제역 주변은 지도와 같이 반도체를 생산하는 삼성전자 공장이 위치해 있다. 평택에서 부동산 컨설팅을 한 지도 7년이 되어

K-반도체 벨트 토지를 사라

삼성전자 공장이 위치한 평택 지제역 주변

간다. 7년 전만 해도 평택 고덕은 텅 빈 농촌이었다. 그런데 지금은 일대가 확 바뀌었다.

인구수도 폭발적으로 증가했다. 어느 지자체가 인구농사를 잘 지었는지 보일 것이다. 인구 추이를 보면 미래 전망도 가늠할 수 있다. 실제로 부동산 가격 상승은 인구 증가와 밀접한 관련이 있다. 유망한 지역은 인구도 오름새다.

동탄은 화성의 작은 면단위 지역에 불과했지만 지금은 신도시를 합쳐서 대략 40만 명이 거주하는 대표적인 주거지역이 됐다. 땅값은 천정부지로 오르고 있다. 물론 동탄은 경부고속도로 축에 붙어 있고 서울과의 거리도 가까워서 개발하지 않을 수 없는 땅이었다. 주변에 대기업 공장과 연구시설이 많이 들어오고 있다. 그만큼 매력적인 도

| 지자체별 인구 증감율 |

구분	2013년 인구수(명)	2024년 인구수(명)	인구 증감율(%)
평택시	456,630	597,046	30.75
안성시	190,205	193,454	1.71
진천군	68,218	86,685	27.07

시가 되었다.

수도권 최남단에 위치한 안성의 산업단지는 대기업보다는 중소기업과 단순 가공업종 위주로 모여 있다. 나는 여러 산업단지 중에서 안성 미양1~4산업단지 주변을 비롯해 진천 신척일반산업단지와 산수일반산업단지 주변에서 일한 경험이 있다. 또 평택 고덕 삼성전자 공장 주변에서도 경험을 쌓았다.

진천의 여러 산업단지는 주로 우리가 들어보지 못한 중소기업들이 있다. 대기업도 물론 있다. 세계 1위 태양광 패널을 만드는 한화큐셀이다. 한화솔루션 큐셀부문에 대해 들어본 적이 있을 것이다. 그 주변엔 변변한 음식점도, 쇼핑을 할 곳 유명 브랜드도 없다. 같은 산업단지임에도 이처럼 인프라와 유동인구는 천차만별이다. 그 이유를 알아야 한다. 이유를 알면 어디에 투자해야 하는지가 보일 것

K-반도체 벨트 토지를 사라

안성시 서운면·미양면 산업단지 주변

이다.

수도권에 위치한 공장이라면 투자 비용이 싼 곳으로 옮겨갈 수 있다. 후보지로 유력한 곳이 바로 진천과 음성이다. 평당 100만 원 이하로 공장을 지을 부지를 구해야 한다면, 그나마 수도권에서 가장 가까운 곳이 바로 진천과 음성이기 때문이다. 물론 충주와 제천, 더 아래로 어중간한 지역까지 후보군을 넓히면 다양한 선택지가 있다. 문제는 인력이다. 공장은 갈 수 있지만 직원들은 가지 않는다. 수도권에서 멀어질수록 직원을 구하기가 어려워진다. 땅값이 아무리 싸도 이름 있는 회사가 외곽으로 공장을 쉽게 옮기지 못하는 이유다.

예시로 진천 신척일반산업단지에 대해 간단히 알아보겠다. 신척일반산업단지는 대한민국 중부 지역에 위치해 교통 편의성이 좋고,

대도시와의 접근성이 좋다. 다양한 분야의 산업이 고루 분포되어 있으며, 산업 간의 협력과 경쟁을 촉진해 혁신과 발전을 도모하고 있다. 산업 지원 정책, 지방 정부와 중앙정부의 산업 육성 정책에 의해 지원을 받고 있어 기업들에게 경제적 혜택을 제공하고 산업 활성화를 촉진한다. 또한 지역 내 대학 및 연구기관과의 산학 협력을 통해 기술 혁신과 연구·개발 활동을 지원하고 있다. 교육시설도 잘 발달되어 있어 인재 양성에 필요한 교육 인프라가 충실히 갖춰져 있다. 기업들로 하여금 우수한 인력을 확보하는 데 도움이 된다.

중소기업형 산업단지와 대기업 산업단지의 주요 차이점은 다음과 같다. 중소기업형 산업단지는 비교적 소규모로 구성되어 있다. 중소기업이 원활히 입주할 수 있도록 토지 면적이 작은 편이다. 또한 다양한 산업 분야의 중소기업이 모여 있는 경향이 있다. 작은 규모의 제조업체, 소프트웨어 기업, 서비스 업체 등이 포함되어 있다. 또 정부의 중소기업 육성 정책에 의해 특별한 혜택을 받는 경우가 많다. 예를 들어 저렴한 임대료나 세제 혜택 등이 제공될 수 있다. 반면 대기업 산업단지는 넓은 부지와 대규모 시설이 특징이다. 부지가 넓어 대기업의 생산시설, 연구소, 사무실 등이 포함될 수 있다. 고급 인프라가 특징이며 높은 수준의 시설과 서비스, 편의시설이 제공되고 있다. 대기업 산업단지는 주로 특정 산업 분야나 기업 그룹이 집중적으로 모여 클러스터를 형성한다. 대기업 산업단지에 입주하

K-반도체 벨트 토지를 사라

는 기업들은 주로 글로벌 시장을 대상으로 활동한다. 따라서 국제적인 경쟁력을 키우는 데 중점을 두고 있다.

주변 인프라만 봐도 해당 산업단지가 어떤 특성을 지니고 있는지 알 수 있다. 안성시 미양면과 서운면은 원룸 건물이 호황이다. 단순 가공·조립과 물류 쪽 업체들이 많다. 대부분 본국에 돈을 보내야 하는 외국인 직원이 많아서 소비 여력이 크지 않다. 주변은 편의점과 저렴한 음식점 위주다. 반면 삼성전자 공장이 위치한 곳은 골프 연습장, 고급 음식점, 백화점, 쇼핑센터 등 임금이 높은 직원들을 대상으로 하는 영업장이 많다. 땅 가격의 격차는 이런 이유로 벌어진다. 어디를 사야 할까?

도로에 편입되는
토지 영농손실보상

토지 영농손실보상을
잘 받는 방법

영농손실보상비는 생각보다 높지 않다. 보상액을 기대하고 투자하는 사람은 없을 것이다. 그래도 어쨌든 농지가 수용되었다면 영농손실보상을 최대한 많이 받아야 한다. 도로 건설이나 확장으로 인해 토지가 편입될 경우, 보상을 잘 받기 위해서는 다음의 5가지 방법을 숙지하기 바란다.

K-반도체 벨트 토지를 사라

1. 정확한 토지 평가받기

보상을 잘 받기 위해서는 토지의 정확한 평가가 중요하다. 이를 위해 전문가와 상담하고, 토지 평가 전문가나 감정평가사를 고용해 토지의 정확한 가치를 평가받아야 한다. 시세 조사, 주변 유사 토지의 거래 시세를 조사해 자신의 토지 가치를 파악한다. 정부나 지방자치단체에서 제공하는 공시지가 등을 참고하면 좋다.

2. 농업 활동 증명자료 준비

영농손실보상을 받기 위해서는 해당 토지에서 실제로 농업 활동을 하고 있다는 증명이 필요하다. 이를 위해 농업 경영 기록, 판매내역을 보관하고, 농작물 재배, 수확량 등을 기록한다. 농기구 및 자재 영수증, 비료나 종자 등의 구매 영수증을 보관한다. 농지이용계획서나 영농계획서를 제출한다.

3. 보상 기준과 절차 이해

보상 기준과 절차를 잘 이해하는 것이 중요하다. 공익사업을 위한 토지 등의 취득 및 보상에 관한 법률, 농지법 등 관련 법규를 확인해 보상 기준을 숙지한다. 보상 절차와 필요한 서류, 신청방법 등을 자세히 파악한다. 지방자치단체 보상 관련 부서에 문의해 구체적인 정보를 얻는다.

4. 협상 기술

보상액이나 조건에 대한 협상이 필요할 수 있다. 이를 위해 협상 전에 충분한 자료와 근거를 확보하고, 변호사나 협상 전문가의 도움을 받아 전략을 세운다. 침착하고 논리적으로 대응해야 최대한 좋은 결과를 얻을 수 있다.

5. 법적 조치 고려

협상이나 보상 절차 과정에서 문제가 발생할 경우 법적 조치를 고려할 수 있다. 변호사와 법률 상담을 통해 가능성을 검토한다. 관련 소송 사례를 연구하고 참고해 자신의 상황에 적용할 수 있는 전략을 마련한다.

5가지 방법을 통해 도로 편입으로 인한 영농손실보상을 최대한 잘 받을 수 있도록 준비하기 바란다.

증빙자료
준비 방법

영농손실보상을 받기 위해 가장 중요한 것은 해당 토지에서 실제로 농업 활동을 하고 있다는 증빙자료다. 다음의 5가지 농업 활동 증빙자료를 꼭 챙기도록 하자.

1. 농작물 재배 및 수확 기록 유지

농업 활동을 증명하는 데 가장 기본적인 자료는 농작물 재배 및 수확 기록이다. 이를 위해 다음과 같은 기록을 유지한다. 작물의 재배 시기, 재배 방법, 성장 과정 등을 기록한다. 수확 날짜, 수확량, 수확 방법 등을 기록한다. 사진 및 영상 기록과 같은 시각적인 증거를 확보한다.

2. 농기구 및 자재 구매 영수증 보관

농업 활동에 필요한 농기구와 자재를 구매한 영수증을 보관한다. 실제로 농업 활동에 사용된 비용을 증명할 수 있다. 크게는 트랙터, 경운기, 비닐하우스부터 작게는 비료, 종자, 농약, 비닐 멀칭 등의 영수증을 보관한다.

3. 농지이용계획서 작성

농지이용계획서를 작성해 제출한다. 농지이용계획서는 농업 활동의 계획과 목표를 명확히 제시하는 문서다. 어떤 작물을 언제, 얼마나 재배할 것인지 계획을 세운다. 농지의 관리 방법, 관개 시스템,

토양 관리 계획 등을 포함한다.

4. 농작물 판매 내역 확보

재배한 농작물을 판매한 내역을 확보해 농업 활동의 결과를 증명한다. 판매 영수증, 농작물 판매 시 받은 영수증이나 거래내역을 보관한다. 농작물 판매 계약서를 작성해 보관한다. 농작물을 판매한 곳의 정보와 연락처를 기록한다.

5. 정부 지원 프로그램 참여 기록

농업 관련 정부 지원 프로그램에 참여한 기록을 확보한다. 농업 관련 보조금을 수령한 내역이나, 관련 교육 및 훈련 수료증을 보관한다. 농업 관련 세미나, 워크숍, 프로그램에 참여한 확인서를 보관한다.

위의 5가지 방법을 통해 농업 활동 증빙자료를 철저히 준비하면 영농손실보상을 받는 데 큰 도움이 될 것이다.

수용이 되어도 좋고 안 되어도 좋다. 입지가 좋고 경쟁력 있는 땅을 사서 꽃놀이패를 만들어야 한다. 용인 남사면에 가면 2차선 주변에 화훼 농가들이 많다. 그들과 한 번이라도 대화를 해본 적이 있는가? 했더라도 부정적인 이야기를 들었다면 실행하기 힘들 것이다.

모든 업이 그렇지만 친분이 없다면 신규로 진입하려는 사람들에게 정확한 정보를 주지 않는다. 정보를 모르니, 차를 타고 쓱 지나가면서 '저런 일은 돈을 벌지 못 할 거야' 하고 말했지도 모른다. 절대 그렇지 않다. 그들은 적어도 20~30년 같은 업종에 종사하며 이 주변이 개발되기를 손꼽아 기다렸을 수 있다.

땅이 도로가 아닌 수로에 접한 사연

땅이 수로에 접한 안성시 보개면 944m²의 토지는 내가 매매를 중개한 사례다. 땅 아래 인접한 길은 서울세종 고속도로다. 지도만 보면 누가 봐도 도로가 확실하다. 그런데 반전이 있었다. 저 부분은 고속도로의 배수로가 지나가는 부분이란 것을 나중에 공사가 시작되고 알았다.

이 땅을 매수한 매수인은 내 공인중개사무소 가까이에 산다. 이 때문에 수시로 찾아와서 자기 땅이 도로에 접한다고 생각해서 샀는데 왜 수로가 되었냐고 따졌다. 나도 다른 공인중개사무소에서 이야기한 내용을 전달했을 뿐이다. 사실은 지금도 잘 모르겠다. 공사를 하고 있는 고속도로 관련 부서에서도 자세한 내용은 알려주시 않

도로에 접한다고 생각한 땅이 수로에 접한 안성시 보개면 땅

는다.

수로 공사를 했다가, 위를 덮어서 도로를 내주겠다고 했다가 이러쿵저러쿵 말이 많다. 토지이용계획확인원에 수로라고 표시를 해줬으면 좋았을 텐데 문제가 있어 보인다. 지금은 토지 가격이 많이 올라서 매수인의 불만이 없어졌지만 초반에 조금 시달렸다. 아무리 공인중개사라고 해도 모르는 부분이 있기 마련이다. 물어볼 데도 없고 자존심도 상하고 그래서 '괜찮겠지' 하다가는 중개 사고가 난다. 돌다리도 두드려보고 건너자.

이런 비슷한 사례는 현장에 수없이 많다. 많은 경험을 통해서 해

K-반도체 벨트 토지를 사라

결책을 찾아야 하며, 나중에 문제가 없도록 매수자도 잘 살펴야 한다. 매도자도 말실수를 줄여야 한다. 도로, 도로, 결국 땅과 관련한 모든 문제는 도로다.

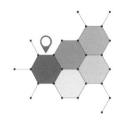

현장이
답이다

땅을 좀 알게 되면 현장을 소홀히 하곤 한다. 전화가 오면 건성으로 받고, 현장을 무시한다. 아는 게 많으니 인터넷으로 다 확인하려 한다. 이것이 고수들의 딜레마다.

최근에 안성시 보개면 북가현리에 땅이 나왔다. 무조건 알려준 주소로 현장에 갔다. 현장에 가니 토지주가 땅을 정리하고 있었다. 제초제를 뿌리려고 하는 것을 제지하고 "내가 사고 싶습니다"라고 평소와 달리 속마음을 노출하고 말았다. 협상의 우위에 서려면 좋아도 좋다고 안 하고, 싫어도 싫다고 하지 말아야 한다. 속마음을 노출하는 순간 역효과가 난다. 눈치가 빠른 토지주는 상대의 의도를 해

K-반도체 벨트 토지를 사라

석하고 자신에게 유리한 쪽으로 상황을 이끌어가기 때문이다. 누군가 사겠다고 하면 대개는 내가 너무 싸게 불렀나, 아니면 이 땅에 무슨 호재가 생겼나, 이런 합리적인 의심을 한다.

이런 이유로 속마음은 절대 노출하지 말아야 한다. 최악의 경우는 내놓은 매물을 안 판다고 할 수도 있다. 이런 부분은 현장에서 경험으로 터득해야만 알 수 있는 것이다. 물론 토지 한 필지 사는 것도 어려운 상황에서 이렇게 복잡한 상황을 이해하고 현장에 적용하는 것은 쉬운 일은 아니다.

현장에 가보면 생각보다 좋은 땅과 생각보다 못한 땅이 보이기 마련이다. 그러나 땅은 각각의 쓰임새와 장점을 가지고 있다. 사람도 장점만 있는 것도 아니고 단점만 있는 것도 아니다. 저마다 적재적소에 쓰임새가 있는 것처럼 땅도 나름대로 쓰임새가 있는 것이다. 인터넷으로 이런 모든 것이 보이고 정리가 된다면 그는 땅에 대한 도사이거나, 이 책에서 논할 경지는 아니라고 생각한다. 이 책은 땅이 어려운 초보자에게 맞는 책이다. 그런 경지에 올랐다면 이 책이 필요하지 않다.

지도로 모든 것을 파악한다는 건 관심법으로 상대의 마음을 읽는 것과 같다. 손품이 중요하지 않다는 것은 아니다. 물리적으로 모든 현장에 가볼 수 없으니, 처음에 물건을 추릴 때는 손품이 중요하다. 좋은 물건을 추린 다음에 디테일에서 놓친 부분이 없는지 현장에 가서 찾아보는 것이다. 지도에서 보이지 않는 냄새와 풍경과 소리를 들어야 한다.

지적도와 다른 곳이
상당히 많다

처음에 땅을 보면 무엇이 무엇인지 분간이 가지 않는다. 요즘은 인터넷이 많이 발달되어 있고, GPS가 휴대폰에 탑재되어 있어서 지도를 보기 쉽다. 하지만 과거에 땅을 살 때는 소개해주는 사람의 이야기만 믿고 현장에서 대충 감으로 땅을 사는 경우가 많았다. 다행히 지금은 인터넷 지도만 보고 가도 실수가 적어졌다. 물론 100% 정밀하게 다 맞는 것은 아니지만 어느 정도 오차만 있을 뿐, 현장의 지형과 논의 경계 혹은 산의 경계를 어느 정도 유추할 수 있다.

가능하면 현장에 한 번 갈 때 많은 정보를 얻어야 한다. 그러려면 땅을 소개하는 공인중개사나 동네 이장, 토지주 등에게 질문을 많이 해야 한다. "비가 많이 오면 넘치지는 않나요?" "주변 다른 땅주인은 만나본 적이 있나요?" "저녁이 되면 주변은 어떤가요?" 등 해야 할 질문은 많다. "겨울철에 얼어서 어려움은 없는지요?" 등 계절별 특징도 알아두면 도움이 된다.

K-반도체 벨트 토지를 사라

질문을 못하는 이유는 그만큼 아는 것이 없기 때문이다. 소개하는 입장에서는 귀찮은 질문을 많이 하면 까다로운 고객이라고 회피할 가능성도 있지만, 그래도 사야 하는 우리 입장에서는 상대가 어떻게 생각하든 최대한 많은 정보를 얻어야 한다. 매일 만나야 하는 이웃의 성격이 괴팍해서 주변에서 사사건건 트집을 잡고 못살게 군다면 어떻게 할 것인가? 땅이라면 문제가 좀 덜하지만 집이라면 상황이 심각할 수 있다. 과거에 나도 이웃에 난폭한 사람이 살고 있어서 비슷한 고충을 겪은 적이 있다.

이런 정보는 지적도에 나와 있지 않다. 물론 1년에 서너 번 갈까말까 한 땅을 너무 세세히 파고드는 것도 옳은 일은 아니다. 투자라면 오를 가능성을 우선순위에 둬야 한다. 때로는 너무 재다가 물건을 놓치기고 한다. 고민하다 놓쳤는데 2~3년 만에 2~3배가 오르면 얼마나 억울한 일인가? 이해는 간다. 안 사면 손해는 없지만, 잘못 사면 10년을 고민할 수 있기 때문이다. 남의 말을 너무 잘 믿는 사람도 문제요, 너무 못 믿는 사람도 문제니 토지 투자가 어려운 것이다.

지적도와 현장의 괴리를 알아내는 방법은 많다. 지금은 애플리케이션만 설치하면 많은 정도를 얻을 수 있고 실수를 줄일 수 있다. 예를 들어 '땅박사'란 애플리케이션이 있다. 땅박사를 켜면 자신의 위치를 파란 점으로 표시해준다. 그것을 확대하면 지적도상 자신의 위치를 알려주고 움직이면 따라온다. 지적도의 경계를 따라 움직이면 대략적인 땅의 경계와 윤곽을 알 수 있다. 애플리케이션만 잘 활용해도 현장에서 경계를 몰라 손해 보는 일은 줄어든다.

어떤 땅이 좋은 땅인가?

그렇다면 어떤 땅이 좋은 땅일까? 이 질문만큼 애매하고 포괄적인 질문은 없을 것이다. 어떤 땅이 나의 목적에 맞는 땅이냐고 묻는 것이 더 적합한 질문이다. 챗GPT와 같은 인공지능 챗봇이 나오면서 질문의 중요성이 커졌다. 과거에는 답을 찾는 과정이 중요했다면, 이제는 질문의 내용이 중요한 시대다. 어차피 답은 인공지능이 뚝딱 내놓는다. 인간인 우리는 핵심을 찌르는 질문만 하면 된다.

현장에 가기 전에 원하는 바가 있다면 정리하고 가야 한다. '바람이 상쾌하면 좋겠다' '냄새가 향기로운 땅이면 좋겠다' '질퍽한 땅보다 배수가 잘되고 마른 땅이면 좋겠다' '주변에 고압선, 축사, 묘지, 쓰레기 관련 시설, 고물상, 각종 공장이 없었으면 좋겠다' 등 이런 상황을 기록하고 현장에서 확인하면 실수를 줄일 수 있다.

예를 들어 '느낌이 좋은 땅'을 찾는다고 가정해보자. 첫인상이 음습하거나 무섭다면 좋은 땅이 아니다. 사람을 만났는데 첫인상이 좋

K-반도체 벨트 토지를 사라

지 않으면 다시 만나기는 어려울 것이다. 땅을 봤는데 습하거나 음의 기운이 넘치는 땅이라면 좋지 않은 땅이다. 겨울에 햇빛이 들어도 눈이 녹지 않는 땅이 있다. 이런 땅도 좋은 기운의 땅은 아니다. 사방이 막혀 있어 답답하거나, 너무 메말라서 식물이 자랄 수 없다면 최악이다. 물 빠짐이 나쁜 땅은 더욱 최악이다. 배수로를 만들어야 하는데 물이 계속 나오는 습한 기운의 땅이 있다. 이런 땅은 고치기 어려운 불치의 병처럼 해결이 어렵다.

나는 용인반도체클러스터 현장을 500번 이상 지나다녔다. 매일 바뀌는 현장을 몸으로 느끼고 싶었기 때문이다. 물론 이렇게 한다고 돈을 버는 것은 아니다. 하지만 여러 가지 생각과 투자 아이디어를 얻을 수 있다. 땅의 가격이 바뀌는 시점이나 건축물이 들어오는 타이밍이나 오픈하는 상가의 업종을 알 수 있다. 기초공사를 할 때는 현장 근로자가 많기에 한식 뷔페가 많이 들어온다. 공장이 올라가고 생산이 시작되면 고급 주거지나 고급 음식점, 술집 등이 들어온다.

"많이 보고 느끼고 경험하면 뭐가 좋은가요?"라고 물을 수 있다. "뭐가 좋아도 좋겠죠"가 아니라 일단 현장을 다니면 좋은 정보를 얻을 수 있고 확신을 가질 수 있다. 실력이 있다면 돈을 버는 것은 문제가 아니다. 그런데 아무런 능력도 없으면서 노력조차 하지 않는다면 우연히 로또에 당첨되어 돈이 쏟아지길 바라는 것과 같다. 도둑의 심보다. 이 심보를 고쳐야 부자가 되고 성공할 수 있다.

매수는 기술이고
매도는 예술이다

주식 투자에서 건진
토지 투자의 기술

나도 주식 투자를 아주 조금씩은 하고 있다. "땅 투자나 주식 투자나 그게 그거지"라고 한다면 아무것도 모르는 소리다. 사실 내게는 땅 투자가 훨씬 쉽다. 사두고 가만히 기다리면 어느새 오르는 게 땅이다. 물론 주식 투자가 더 익숙한 사람이라면 땅 투자가 훨씬 어렵다고 생각할 수 있다.

주식 투자의 세계에는 스캘핑, 데이트레이딩이라는 용어가 있다.

K-반도체 벨트 토지를 사라

수초간 혹은 하루에 사고팔고를 다 하는 것이다. 주식을 보유하고 그다음 날까지 보유하지 않는 초단타 투자를 일컫는다. 예상하지 못한 악재를 피할 수 있다. 그런데 땅 투자는 그렇게 할 수 없다. 주식처럼 쉽게 매매할 수 없기 때문이다.

누구나 악재는 피하고 싶다. 인간은 누구나 손실을 피하고 싶은 본능적인 생각이 자리 잡고 있다. 그런 생각이 원시부터 인간을 생존하게 만든 것이다. 이러한 '손실회피본능'은 주식 투자에서도 작용한다. 그래서 기술적 분석을 통해 차트를 보면서 저점을 찾는 것이다. 방식은 다양하다. 이동평균선, 볼린저밴드, 일목균형표, RSI, CCI 등 수없이 많은 보조지표를 이용해 대응한다.

그런데 부동산 투자에 있어서는 이런 지표나 통계가 사용되지 않는다. 오직 투자자의 상황이나 시장의 분위기, 매스컴의 보도에 좌우되는 경우가 많다. 그래서 오른다고 하면 다른 사람들이 사기 전에 매수하고 싶어 시장으로 달려가고, 다른 사람들이 팔고 싶어 안달이 나면 아무도 시장에 얼씬거리지 않는다. 이런 투자 방식을 그대로 따라가면 결국 실패하고 만다. 성공하고 싶다면 대중과는 반대로 가야 한다. 대중이 가는 길은 지옥길이며 대중이 가지 않는 길이 꽃길이다. 누군가 팔고 싶어 안달이 나고 아무도 사줄 사람이 없을 때, 저평가된 부동산에 투자해야 한다.

주식 투자를 통해서 투자의 습관을 익혀야 한다. 큰돈으로 무리하게 하지 말고, 100만 원이든 200만 원이든 300만 원이든 연습을 해야 한다. 연습 없이 큰돈을 처음부터 무리하게 넣으면 회복하기가 힘들다. 그래서 주변을 둘러보면 무리한 주식 투자로 힘들게 사는 사람을 여럿 보게 된다. 적은 금액으로 조금씩 벌고 종잣돈을 잘 모으는 사람이 큰돈도 잘 운영한다. 내가 연습해보니 100만 원만 있어도 하루에 얼마든지 용돈 수준의 돈을 버는 것은 가능했다. 즉 5만~10만 원은 벌 수 있다. 그것을 꾸준히 해내는 것이 능력이고 실력이다.

소액으로 주식에 넣어 조금씩 투자액을 늘려가고, 투자 감각과 노하우를 키운 다음 토지 투자에 더 큰 투자액을 넣는 방식을 권한다. 이렇게 하면 리스크를 줄이고 성공 확률을 높일 수 있다.

투자의 칼날을 갈아야 한다

투자의 칼날을 갈기 위해 당신은 무슨 노력을 하고 있는가? 지하철을 타고 출퇴근을 하다 보면 대부분의 사람이 SNS를 보거나 게임을 하고 있다. 나는 지금까지 게임을 한 적이 없다. 그 시간에 책을 읽거나 주식 방송을 듣는다. 투자의 칼날을 가는 시간이다. 어떻게

K-반도체 벨트 토지를 사라

돈을 벌어야 하는지 스스로에게 질문을 하는 시간이어야 한다.

어떻게 돈을 벌어야 하는가? 어떻게 투자를 해야 하는가? 30년 간 틈이 날 때마다 이런 고민을 했다. 어떤 것도 만만한 길은 없다. 투자의 세계에는 정해진 틀은 있어도 규칙은 없다. 하얀 백지에 검은 글을 써나가는 것이다. 독하게 마음을 먹어야 한다. 그래야 날카롭게 칼날이 선다. 날이 서지 않은 채로 전쟁터에 나서는 것은 목숨을 버리는 일이다. 세상에는 나보다 똑똑하고 많이 배우고 잘난 사람이 바다를 이룬다. 조금만 빈 틈을 보여도 주머니를 털기 위해 안달이 난 사람들이다. 처음에는 호의로 친절하게 다가오지만 목적이 달성되는 순간 나를 떠난다. 내 주머니가 빈 것을 알게 되면 내 곁에 머물 이유가 없다.

투자의 세계에서는 친절하거나 양심적이거나 인간적인 것은 없다. 그런 건 이웃이나 가족, 친척에게 바랄 부분이다. 투자의 세계는 철저하게 돈으로 계산된다. 돈이 되거나, 돈이 안 되거나 둘 중 하나다. 나 역시 순진하게 그놈의 정 때문에 많이도 당했다. 그런 경험을 교훈 삼아 정진했기에 이런 글도 쓰게 된 것이다.

처음부터 모든 것을 하겠다는 사람은 아무것도 못한다. 처음에는 비교적 쉬운 아파트, 빌라, 단독주택, 상가, 오피스텔 등 임대수입이 들어오는 물건부터 접근해야 한다. 구조를 알아야 확장성이 생긴다. 수익의 맛을 본 투자자는 쉽게 투자를 끊지 못한다. 주식도 첫 수익이 문제가 된다. 아무것도 모르고 쉽게 돈을 번 사람은 나중에 독으로 돌아온다. 반대로 돈을 벌지 못하면 투자의 길에서 점점 멀어질 수 있다. 가장 좋은 것은 지식이 늘어가는 속도와 돈이 늘어가는 속도가 비슷해지는 것이다.

경험을 쌓다 보면 전문 분야가 생긴다. 투자의 폭을 좁히고 수익성을 높이기 위해 자신의 장점을 살려야 한다. 방망이를 짧게 잡고 타율을 올려야 한다. 50% 이상이면 성공이다. 푼돈이어도 월급과 사업소득 외에 꾸준히 투자로 부수입을 올릴 수 있는 사람만이 마지막에는 승자가 된다.

분위기가 좋을 때 사람들은 매도를 안 한다. 아니 못한다. 왜냐하면 욕심이 하늘을 찌르기 때문이다. 더 오를 줄 알고 그런다. 하지만 아무도 꼭지를 모른다. 부동산에서 분위기가 좋고 매물이 없다고 하면 그때가 매도의 시간이다. 말은 쉽지만 늘 뒤돌아보고 나서야 알 수 있는 것이 매도의 시간이다. 그래서 무릎에 사서 어깨에 팔라는 격언이 있는 것이다. 사실 시장에서 투자를 하다 보면 무릎이 어딘지, 어깨가 어딘지 알 수 없다. 단 최근처럼 손님이 오지 않는 시장이라면 무릎 정도라고 생각할 수 있다.

2025년, 이제는 토지를 사야 할 때다. 어쩔 수 없는 경우를 빼고는 파는 것은 뒤로 미루고 사야 한다. 농부가 봄에 씨를 뿌리고 여름에 가꾸지 않으면 가을에 무슨 수확을 얻을 수 있겠는가? 투자의 사

　　　　　　　　　　　　　K-반도체 벨트 토지를 사라

계절을 알아야 한다. 씨를 뿌려야 할 시기에 수확을 생각하는 농부는 굶어죽는다. 투자의 이치도 이와 같다. 사람들이 시장에 넘쳐나고 못 사서 안달이 난 때라면 매도를 생각하고 실행해야 한다. 그래서 투자의 세계에서 매도를 '꽃'이라고 표현한다. 어렵기 때문이다. 본능을 거슬려야 하기 때문이다.

토지 매도의
5가지 기술

토지 매도는 복잡한 과정이다. 다만 몇 가지 전략을 통해 성공적으로 매도할 수 있다. 다음은 성공적인 토지 매도를 위한 5가지 주요 기술이다.

1. 적정 가격 설정

토지를 성공적으로 매도하기 위해서는 시장조사를 통해 적정한 가격을 설정하는 것이 중요하다. 해당 지역의 시장 동향을 조사하고, 유사 토지의 최근 거래가를 파악한다. 부동산 중개업자나 감정평가사와 상담해 적정가를 설정한다. 초기에 가격을 다소 높게 설정한 후 협상을 통해 조정할 여지를 남기는 전략이 좋다.

2. 토지의 매력적인 특징 강조

토지의 강점을 부각시켜 매수자의 관심을 끌어야 한다. 입지 조건, 교통 편리성, 주변 시설, 향후 개발계획 등 입지 조건을 강조한다. 토지 활용 가능성, 건축 가능성 등 다양한 가능성을 제시한다. 토지의 경관, 자연 환경, 경치 등 매력적인 요소를 강조한다.

3. 홍보 및 마케팅 전략

효과적인 홍보와 마케팅을 통해 더 많은 잠재 매수자에게 토지를 알린다. 온라인 플랫폼, 부동산 관련 웹사이트, SNS 등을 활용해 온라인 광고를 진행한다. 현수막, 전단지, 지역신문 광고 등을 통해 오프라인 홍보를 강화한다. 전문 부동산 중개업체와 협력해 더 많은 매수자에게 접근한다.

4. 현장 방문 및 프레젠테이션 준비

매수자가 토지를 직접 방문했을 때 좋은 인상을 줄 수 있도록 준비한다. 잡초를 제거하고, 경계를 표시하고, 접근로를 정비하는 등 토지를 깨끗하게 정비한다. 또 토지의 장점을 강조한 프레젠테이션 자료를 준비해 매수자에게 설명해야 한다. 이후 매수자의 질문에 성실히 답변하고, 필요한 정보를 제공할 수 있도록 준비한다.

5. 협상 및 계약 체결

매수자와의 협상에서 유리한 조건을 이끌어내고, 계약 체결을 원활하게 진행한다. 가격, 조건 등에 대해 유연하게 대응하면서도 목표를 유지한다. 계약서 작성 전에 변호사나 부동산 전문가를 통해 법적 검토를 받는다. 계약서에 명확한 조건과 조항을 명시해 후속 문제를 방지한다.

이 5가지 기술을 통해 토지 매도를 보다 효과적으로 진행할 수 있다. 적절한 준비와 전략을 통해 매수자의 관심을 끌고, 원활한 협상을 통해 성공적인 매도를 이끌어낼 수 있다.

문제는 경제가
아니라 인구야

시황과 정부 정책, 산업단지 개발도 중요하지만 장기적으로 투자에 중대한 영향을 주는 요인이 있다. 바로 출산율이다. 요즘 출산율이 너무 떨어져서 아이들 관련 시설이 없어지고 있다. 어린이집, 유치원, 초등학교, 학원 등이 직격탄을 맞고 있다. 한 명의 입학생도 없는 초등학교가 지방에 얼마나 많은지 알고 나니 소름이 끼친다. 그런 지역들의 기반은 앞으로 10년 내에 무너질 것이다. 단 하나, 요양원이나 어르신 관련 시설만이 유지되거나 늘어날 수 있다. 투자를 중개하는 입장에서는 눈앞에 닥친 현실이 두렵다. 우리나라가 반도체를 생산할 인구도, 소비할 인구도 없다면 공장을 지을 땅이 무슨

K-반도체 벨트 토지를 사라

소용일까?

그렇지 않아도 인공지능이 우리의 일을 대체한다고 겁을 주는 시대다. 엎친 데 덮친 격으로 인구가 없어 모든 기반이 사라지게 생겼다. 그렇다고 투자를 안 할 수도 없고 정말로 곤란하다.

2023년 기준 0.721명의 출산율로는 현재의 대한민국은 유지되기 어렵다. 생산가능인구가 줄고 있는 현실에서 제조업이 죄다 외국인 노동자로 채워진다. 그들의 생산력이 과연 우리나라 사람들의 생산력을 따라올 수 있을지 의문이다. 공장을 운영하는 사장님들은 이들을 믿고 일할 수 있겠느냐고 곡소리를 낸다. 어느 날 "내 치즈는 어디로 갔지?"라는 생각이 들지 않겠는가? 투자자로서 큰 숙제다. 너무 낙관도, 비관도 할 수 없다.

인구는 얼마나 줄어들고 있는가?

한국의 총인구가 급감하면서 50년 뒤에는 3,600만 명대까지 추락할 것으로 추산되고 있다. 또 급격한 고령화로 50년 뒤에는 65세 이상 고령 인구가 인구 비중의 절반을 차지할 것으로 예측된다.

통계청이 내놓은 '2022~2072년 장래인구추계'에 따르면, 한국

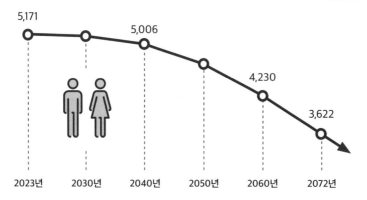

| 국내 총인구 추이 |

(단위: 만 명)

5,171

5,006

4,230

3,622

2023년 2030년 2040년 2050년 2060년 2072년

*2072년 합계출산율 1.08명을 전제로 전망한 중위추계 기준

자료: 통계청

의 총인구는 2050년 4,711만 명으로 줄고 2072년에는 3,622만 명까지 줄어들 것으로 예측되었다. 3,622만 명은 1977년 인구에 해당하는 수준이다. 참고로 총인구는 한국에서 3개월 이상 거주하는 내국인과 외국인을 포함한다.

평균수명이 길어지며 노인의 비중은 늘고 있다. 그들은 생산 가능하지 않고 근로소득이 없어 국가 재정에 기여를 못한다. 당연히 시장 측면에서는 젊은이보다 소비가 줄어들 것이다. 이런 상황에서 아파트가 오른다고, 오피스텔·상가·공장이 오른다고 단언할 수 있겠는가? 우리는 늘 최악의 상황을 가정하고 있어야 한다. 신문을 보면 최근에 GTX-A노선 수서역~동탄역 구간을 개통해서 동탄역 주

K-반도체 벨트 토지를 사라

변 집값이 오를 일만 남았다는 자극적인 제목이 눈에 띈다. 이런 기사에 휘둘리면 아무런 조사 없이 동탄역 주변 아파트를 사야겠다는 심리적 충동을 일으키게 된다. 그때부턴 이러한 기사가 어떤 경로를 통해 누구에 의해 쓰여진 글인지는 중요하지 않다. 이런 문구가 건설사 광고로 인한 것인지, 아니면 신문사 사주들의 전략에 의한 것인지 우리와 같은 개미들은 알지 못한다. 그래서 나는 내가 아는 사실만 믿고, 내가 아는 통계만 신뢰할 뿐이다. 남에게 휘둘려서는 절대로 부자가 되지 못한다.

인구가 줄고 있다고 통계가 말해주는데 아무 근거 없이 부동산이 영원히 상승할 것이라고 예단해서는 안 된다. 성장이 일상화된 우리 세대는 부동산이 늘 오른다는 데 손을 들지만 앞으로는 다를 수 있다. 나는 부정적인 글을 쓰라고 어느 누구에게 돈 한 푼 받은 적이 없다. 순전히 내 생각을 쓸 뿐이다.

분명한 것은 인구가 줄어들고 있다는 것이다. 우리는 이에 대응해야 한다. 내 연금을 못 받을 수 있고, 지금까지 노인들이 받은 복지 혜택도 사라질 수 있다. 이전 부모님 세대는 국민연금이나 기초연금의 혜택을 제대로 누리지 못했다. 지금 노인들이 당연하게 생각하는 무료 지하철이나 경로당 무료 식사 등도 당연히 없었다. 우리들이 노인이 되었을 때 과연 이런 혜택이 계속 존재할까? 그렇지 않다고 본다.

자신의 미래는 스스로 대비해야 한다. 미리 대비하지 않으면 쫄딱 망해서 노숙자 신세를 면치 못할 수 있다. 투자를 중개하는 입장에서는 안타깝다. 인구가 줄어드니 슬프다. 나의 밥그릇이 사라질지 모른다는 두려움이 앞선다.

희망적인 미래는 없을까?

기존의 생산력은 그대로 유지될까? 그 답은 제4차 산업혁명에 있지 않을까? 인공지능이 떠오르면서 엔비디아에서 만들고 있는 GPU가 인간의 두뇌를 대체할 것이라는 기대를 받고 있다. 결국은 반도체에서 승부가 날 것으로 보인다. 미국의 엔비디아, 대만의 TSMC, 한국의 삼성전자·SK하이닉스가 그 중심에 있다. 반도체에서 주도권을 쥔 국가가 미래를 선도할 것이다. 그리고 마지막까지 살아남을 것이 반도체 공장이다. 인공지능과 자동화공장이 미래를 먹여 살릴 것이다. 우리는 이 점에 주목해야 한다.

용인과 안성 경계에 공인중개사무소를 운영하는 입장에서 생각이 여기까지 미치자, 그 수혜를 하루라도 빨리 받고 싶은 마음이다. 물론 지금은 너무 조용하다. 하지만 시간이 좀 더 흐르면 상황이 달

K-반도체 벨트 토지를 사라

라질 것이라고 확신한다. 인구가 준다고 낙담만 하지 말고 고민을 해야 한다. 인구를 늘리는 정책도 중요하지만 인구가 줄어도 성장이 가능한 방법을 찾아야 한다. 전 세계에서 가장 빨리 이 문제에 대한 해답을 찾는다면 어느 나라도 따라올 수 없는 경쟁력 있는 나라가 될 것이다.

인구 문제의 중심에는 반도체가 있다면 어불성설일까? 인구 문제를 해결하기 위해 돈을 써야 하고, 생산력을 높여야 한다. 생산가능인구를 대체하기 위해 인공지능을 적극적으로 활용할 필요가 있다. TSMC가 일본에 공을 들이고 있다. 일본 정부의 반도체 지원 때문이다. 물과 전기, 토지를 값싸게 주기 때문이다. 또 임금이 미국에 비해 상대적으로 저렴하고 고급 인력을 구하기 쉽다. 이런 일본의 경쟁력을 두려워해야 한다. 잃어버린 20년 이후 절치부심한 일본은 한국으로부터 반도체 주권을 찾아오기 위해 노력하고 있다. 하루 빨리 반도체 공장을 짓고 선두로 달려가야 한다. 반도체 벨트가 그래서 우리의 미래를 책임질 곳이고, 토지 투자의 미래가 있는 곳이다. 인구 문제의 미래가 곧 반도체에 달려 있다. 돈을 풀어서 출산율을 높이는 일은 한계에 부딪치고 있다.

땅에 무엇을 할지
고민하면 답이 보인다

대부분의 투자자는 무엇을 할지도 모르고 땅을 산다. 우연히 샀던 땅이 올라서 대박을 친다는 말은 옛말이다. 그런 엉성한 방법으로 투자에 나섰다가는 쪽박을 차기 십상이다. 돈을 벌기 위해서는 10년이 걸리지만, 까먹는 것은 10초도 걸리지 않는다. 10년과 10초 사이에서 우리는 무수한 고민을 할 것이다. 지금도 곳곳에서 투자 사기가 늘어나고 있다. 알지도 못하는 금융상품에 속고 있다. 알트코인, ELS가 뭔지도 모르면서 투자하는 경우가 있다.

땅에 투자하는 방법은 다양하다. 아파트를 보면 25평대라면 보통 지분으로 7~12평 정도의 땅을 가지고 있는 것이다. 건물은

K-반도체 벨트 토지를 사라

30~40년을 사용하면 수명을 다한다. 남은 것은 7~12평의 땅이다. 이 땅의 가치가 강남은 20억~30억 원에 달한다. 놀라운 일이다. 과연 그 땅의 생산성은 어디에 있을까? 월 20만 원 월세에 사는 사람이나, 20억~30억 원 땅에서 사는 사람이나 뭐가 그렇게 다를까? 인구가 줄어들고 있는 현실에서 앞으로도 이렇게 큰 격차가 벌어질까? 네덜란드의 튤립 이야기가 생각난다.

지금의 강남 아파트가 '폭탄 돌리기'는 아닌지 고민해봐야 한다. 어느 누구도 적정한 가격을 매길 수 없는 것이 투자자들을 두렵게 만든다. 그 지역에서 1시간만 벗어나면 3억~4억 원의 아파트도 널려 있다. 그보다 넓은 땅을 가진 빌라도 많다. 그 광기는 누가 만들었고, 폭탄이 누구의 품에서 누구의 품으로 돌아다니고 있는지 냉정하게 판단해야 한다.

평범한 중산층 가구의 연소득이 5천만 원이다. 이 돈을 한 푼도 쓰지 않고 10년을 모으면 5억 원이다. 이 금액도 엄청나게 큰 금액이다. 이것의 5배가 집값이다. 일반 서민은 40년 동안 노예처럼 일을 해도 강남 아파트 한 채를 살 수 없는 것이 정상일까? 물론 연봉으로 20억 원 이상 버는 CEO도 많이 있다. 이들의 주머니가 그 아파트를 움직이는 돈줄이다. 언감생심 일반인이 꿈꿀 수 있는 세상이 아니다.

일반인은 일반인의 관점에서 가치와 가격을 따지는 노력을 해야 한다. 가성비나 가심비도 따질 줄 알아야 한다. 다른 사람의 이야기에 딴지를 걸 수 있어야 한다. 대중이 옳다는 길에는 돈이 보이지 않는다. 대중을 따라가면 마지막에 남아 먹은 것도 없이 설거지만 할 뿐이다.

땅의 가치를 알아야 한다

1천 원, 1만 원짜리 제품을 구입할 때도 우리는 상당히 많은 고민을 한다. 다른 상점을 돌아다니면서 더 싸지는 않나 의심을 한다. 그런데 수천만 원, 수억 원 하는 부동산을 살 때는 별 고민을 하지 않는 것처럼 보인다. 피땀 흘려 모은 20년의 값어치를 날릴 수 있는 일이다.

우리는 가격에 대해 고민해야 한다. 그 땅의 효용가치를 생각하고, 비싼지 싼지를 생각하고, 팔 것을 생각하고, 보유하고 있는 동안 임대 가치를 생각해야 한다. 예를 들어 임대료가 연간 5천만 원이라면 과연 얼마 정도의 가치를 지닌 물건일까? 상가라면 6% 정도로 수익률을 잡고 '5천만 원÷0.06'으로 계산해서 약 8억 3,333만 원의 가치가 있다고 보면 된다. 예상 수익률만 알면 건물의 가치를 가늠

K-반도체 벨트 토지를 사라

할 수 있다는 뜻이다. 정말 간단하다. 물론 지역마다 차이는 있다. 강남의 꼬마빌딩이라면 예상 수익률은 2~3%고 극단적인 경우 1%대도 있다. 그래서 강남의 건물은 임대수익보다는 가치 상승에 더 큰 기대가 있다고 볼 수 있다.

이런 식으로 계산을 하다 보면 땅을 사서 상가를 건축하는 것이 괜찮은지 아닌지 간단하게 파악된다. 자, 300평 땅이 있고 평당 100만 원이라고 가정해보자. 땅값은 3억 원이다. 그 땅에 20%의 건폐율로 1층 상가를 지으면 60평을 지을 수 있다. 건축비를 평당 300만 원으로 잡으면 1억 8천만 원이다. 땅값 3억 원에 건축비 1억 8천만 원을 더하면 소요된 투자액은 4억 8천만 원이다. 60평을 임대할 경우 평당 6만 원을 잡으면 '360만 원×12개월'로 계산해서 4,320만 원이 나온다. '임대료÷투자액'으로 계산하면 수익률이 나온다. '4,320만 원÷4억 8천만 원'을 계산하면 수익률은 9%다. 공실 없이 임대만 잘 이뤄진다면 괜찮은 투자가 될 것이다. 계산의 편의를 위해 감가상각은 고려하지 않겠다.

계산해보면 어렵지 않다. 복잡한 공식을 대입하는 것보다 간단하게 산식을 이용해 여러 번 계산하는 편이 낫다. 아무리 큰 투자를 하는 사업부지라고 해도 기본적인 개념만 잡고 있으면 어렵지 않다. 돈의 단위만 다를 뿐이다.

산업단지
예산과 보상 분석

산업단지 A를 예로 들겠다.

보상비를 보면 예산 2,098억 원이 잡혀 있다. 단위만 큰 것을 빼면 별것 아니다. 개인이 상가 건축할 때 토지를 사야 하듯이 땅값을 내는 것이라고 보면 된다. 항목 하나하나를 보면 대충은 이해가 갈 것이다.

2,098억 원에 대한 세부 항목이 나눠져 있다. 그중 토지 보상금은 대략 1,976억 원이다. 사업부지 대부분이 건축물은 없고 토지만

| 산업단지 A의 사업비 산정 |

(단위: 백만 원)

구분	금액	비고
보상비	209,884	토지, 건축물, 손실보상비 등
용지 부담금	8,768	농지, 산지보전 부담금 등
조성비(공사)	90,357	기본공사, 기반시설 공사 등
조성비(용역)	9,947	조사설계, 영향평가, 감리 등
기반시설 설치비	4,628	광역교통, 상하수도원인자 등
기타 비용	25,708	개발부담금, 금융비 등
합계	349,292	-

있다는 것을 알 수 있다. 여기서 중요한 것은 이미 보상액의 틀이 만들어졌다고 보면 된다. 개인이 이의를 제기하고 소송을 해도 이미 정해진 이러한 틀은 바뀌기가 어렵다.

보상비가 틀어지면 전체 사업이 바뀌고 수익률도 달라지고 사업성도 불투명해질 수 있다. 사업을 하는 측면에서는 PF대출을 받아야

| 산업단지 A의 사업비 산정 |

(단위: 백만 원)

구분		금액	비고
보상비	토지	197,667	실매입 가격
	지장물	1,463	주택, 축사, 수목, 기타 지장물 등
	간접보상	1,067	영업보상, 영농보상, 분묘, 주거이전비 등
	제세공과	2,399	취득세, 재산세, 농어촌특별세, 지목변경취득세, 인지대 등
	위탁 수수료	647	평가금액×수수료율
	감정 수수료	32	평가금액×수수료율×3곳×2.5회
	측량 수수료	647	현황측량, 경계측량 등
	법무사 수수료	12	준공등기 포함
	채권매입손실	564	토지보상비×70%×4.5%×10%
	예비비	5,386	-
소계		209,884	-

하는데 사업성이 담보되지 않으면 어떤 금융회사도 대출을 해주려 하지 않는다. 그러면 아예 사업을 못 할 수도 있다. 그래서 보상이 중요하다.

땅에 대한 고민을 하다 보니 산업단지의 사업에 대한 이야기도 수박 겉핥기지만 해봤다. 여러분은 매스컴에서 어떤 지역에 택지개발이나 산업단지 계획이 발표되었을 때 무작정 땅을 사고 싶겠지만, 이런 디테일을 감안하면 그렇게 쉽게 투자하지 못할 것이다.

사업의 성패가 어디서 갈리는지 이해한다면 사업이 수월하게 진행되리라고 장담할 수 없다. 사업에서 중요하지 않은 것은 없다. 하나하나의 항목에 사업 주체들의 이해관계가 얽히고설켜 있다. 자치단체의 인허가와 주민들의 민원, 토지주의 토지 보상 여부, 그리고 PF대출 여부까지 중요하지 않은 문제가 없다. 이런 문제들이 해결되고 착공을 하게 되면 비로소 사업은 출발을 하게 된다. 주변 토지에 대한 투자도 이때 고려해야 한다. 반드시는 없다. 돌다리도 두들겨보고 건너자.

마무리는
절세가 결정한다

양도세 절세
노하우

수없이 많은 토지 계약을 진행했지만 놀랍게도 사전에 세금 계획을 세우는 투자자는 거의 없었다. 세금을 고려하지 않으면, 토지 투자는 앞으로 남고 뒤로 밑지는 장사일 수 있다. 현장에서 실무를 보면서도 양도소득세 계산은 언제나 어렵다. 오직하면 '양포세무사(양도소득세 계산을 포기한 세무사)'가 있을 정도다. 그러나 조금만 주의를 기울여도 양도소득세를 절세하는 방법은 있다.

첫째, 사는 순간부터 최악의 경우라도 2년은 넘겨서 팔아야 한다. 2년이 넘어야 일반과세가 적용된다.

둘째, 8년 이상 자경농지에 대한 양도소득세 감면(1년 1억 원 및 5년 2억 원 한도), 공익사업용 토지 등에 대한 양도소득세 감면(1년 1억 원 한도)을 챙긴다.

셋째, 재촌자경 요건을 확인한다. 재촌 요건이란 땅주인이 토지 소재지에 거주하거나, 토지 소재지와 연접하고 있는 시군구, 또는 토지 소재지로부터 30km 안에 살아야 한다는 뜻이다. 더불어 자경은 자기 노동력으로 농사를 짓는 것을 말한다. 1/2 이상의 자기 노동력이 들어갔다는 증명이 가능하다면 절세가 가능하다. 농업경영체 등록을 하고 농협 조합원으로 가입해서 비료나 농약, 기타 묘목 등을 매입한 증빙이 필요하므로 영수증이나 세금계산서를 잘 보관해야 한다.

최근에 농지를 팔면서 매매금액이 9,500만 원인데 세금이 1,700만 원이나 나왔다고 투덜거렸던 매도자가 생각난다. 팔기로 결심했다면 재촌자경 요건을 갖췄으면 어땠을까 하는 아쉬움이 남는다.

넷째, 법무사에게 보수를 준 영수증이나 중개수수료를 낸 세금계산서나 현금영수증을 반드시 보관하고 있어야 한다. 사는 시점에서는 중요하게 생각하지 않고 잃어버리는 경우가 많은데, 그러면 세금

K-반도체 벨트 토지를 사라

을 더 내야 한다.

다섯째, 개발 행위를 하고 공사나 건축을 했다면 반드시 돈을 낸 영수증을 가지고 있어야 한다. 인건비나 소소한 영수증을 소홀히 하면 그 금액 때문에 세율 구간이 달라져서 세금을 많이 낼 수 있다.

여섯째, 가끔 다운계약서를 쓰자고 하는데 절대 응하면 안 된다. 잘못하면 처벌을 받거니와 세금을 더 내거나 과태료, 벌금 가산금까지 낼 수 있다. 과거에는 관행적으로 등록세, 취득세를 적게 내고 누이 좋고 매부 좋다는 식으로 했지만 지금은 거의 없어졌다.

일곱째, 영농조합법인이나 법인으로 토지를 사는 것을 고려해볼 수 있다. 법인은 개인보다 비용 처리되는 범위가 넓고, 법인세가 양도소득세에 비해 세율이 훨씬 낮기 때문이다.

여덟째, 비사업용 토지란 사업과 관련 없이 보유하고 있는 토지를 말한다. 농사를 직접 짓지 않는 농지, 거주지와 멀리 떨어진 임야, 건물 없이 놀고 있는 나대지 등이 대표적인 비사업용 토지다. 토지 양도 시 비사업용 토지 여부를 꼭 확인해야 한다. 2022년 1월 1일 이후 중과세율이 20%가 되어서 26~65% 세율로 양도소득세가 계산된다. 오래 가지고 있으면 세금을 줄여주는 장기보유특별공제 또한 배제된다. 만약 2021년 2월에 토지를 매수해서 1년 뒤에 매도했다면, 비사업용 토지 1년 미만 양도소득세율 70%에 지방소득세 10%를 추가하여 총 77%의 세금이 부과된다.

| 토지 양도세율 개편안 |

구분		사업용 토지 등 주택 외 부동산	비사업용 토지		주택 입주권
보유 기간	1년 미만	50%→70%	50%→70%	기본+10%p→ 기본+20%p	70%
	2년 미만	40%→60%	40%→60%	기본+10%p→ 기본+20%p	60%
	2년 이상	기본(6~45%)	기본+10%p→기본+20%p		기본

*단기 보유 비사업용 토지는 단기 보유 또는 비사업용 토지에 대한 세율 중 높은 세율 적용

자료: 기획재정부

매도자 입장에서 양도소득세를 계산해보면 생각보다 큰 금액에 놀라는 사람들을 많이 본다. 누구를 탓하기 전에 세금에 대해 얼마나 준비가 되었는지 이번 계기로 되돌아보길 바란다. 팔기 전에 꼭 세무사와 상담을 하길 바란다.

토지 양도소득세는 토지를 양도할 때 발생하는 소득에 대해 부과되는 세금이다. 토지 양도소득세 계산과 납부는 여러 단계로 이뤄진다.

다음은 토지 양도소득세를 단계별로 설명한 내용이다.

K-반도체 벨트 토지를 사라

양도가액 − 취득가액 − 필요경비 = 양도차익

양도차익 − 장기보유특별공제 = 양도소득금액

양도소득금액 − 양도소득기본공제 = 양도소득과세표준

양도소득과세표준 × 세율 = 산출세액

산출세액 − (세액공제 + 감면세액) = 자진납부할 세액

1. 양도소득세 대상 확인

양도소득세는 토지의 매매, 교환, 현물출자 등의 거래에서 발생한 소득에 대해 부과된다.

2. 양도차익 계산

양도차익이란 양도가액에서 취득가액과 필요경비를 제한 금액이다.

3. 필요경비와 장기보유특별공제 계산

필요경비란 취득과 양도 과정에서 발생한 비용을 포함한다. 중개 수수료, 법무사 비용 등이 대표적이다. 장기보유특별공제란 토지를 보유한 기간에 따라 양도차익에 대해 일정 비율을 공제받는 개념이다. 10년 이상 보유한 경우 최대 30% 공제가 가능하다.

4. 과세표준 계산

양도차익에서 필요경비와 장기보유특별공제를 차감한 금액이 과세표준이 된다.

5. 세율 적용

일반적으로 양도소득세율은 6~45%의 누진세율이 적용된다. 비사업용 토지나 주거용 건물의 경우 중과세율이 적용될 수 있다.

6. 양도소득세 산출

세율을 과세표준에 적용해 양도소득세를 산출한다.

7. 기본공제

연 250만 원의 기본공제를 받을 수 있다.

8. 세액 계산 및 납부

산출된 세액을 최종 확인하고 납부한다.

9. 신고 및 납부

토지 양도 후 2개월 이내에 관할 세무서에 신고한다. 이후 신고
한 세금을 납부한다.

10. 정산 및 추가 납부

연말정산을 통해 추가 납부하거나 환급받을 수 있다.

5장

현장에서 배운
토지 투자 노하우

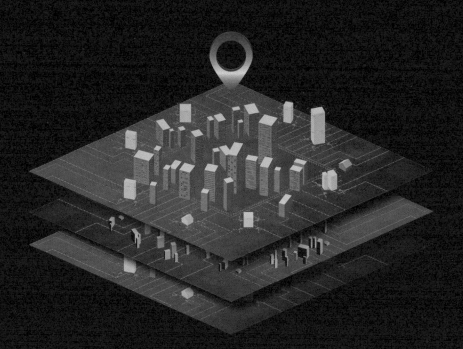

건축물이 타인의
토지에 침범했다면

평택에 있는 계획관리지역인 밭을 팔았다. 그런데 해당 토지에 무허가 건축물이 있었다. 실제로 이런 일을 종종 볼 수 있다. 옛날에는 측량 기술이 형편없었고 아예 측량을 하지 않은 토지도 많았다. 그래서 최근까지 비슷한 일이 비일비재하게 벌어지고 있다. 지금도 지적도를 보면 집의 위치가 이상한 경우가 많다.

예시를 보면 건물이 남의 토지를 침범한 것이 보인다. 침범당한 토지주와 다툼이 생긴다면 큰 문제로 번질 수 있다. 토지주의 철거 요구로 다툼이 생길 수 있다. 어쩔 수 없는 경우라면 싸워야 하겠지만 이웃끼리 다투는 것은 바람직하지 않다.

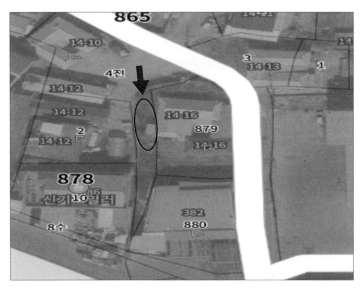

건축물이 타인의 토지를 침범한 사례 1(정확한 사실 확인은 측량이 필요하다)

내 땅에 남의 건물이 침범했다면 가능하면 협상을 하는 게 좋다. 물론 말이 안 통하면 서류로 싸워야 한다. 경계 측량을 해서 객관적으로 증명하면 된다. 그다음에 내용증명을 보내면 상대의 반응이 나온다. 반응에 따라 대응을 하면 된다. 법적인 부분까지 고려한다면 변호사의 도움을 받을 수 있다. 그렇게까지는 진행이 안 되기를 바란다.

내 건물이 남의 토지를 침범한 경우라면 상대가 철거나 보상을 요구할 수 있다. 가능하면 이웃끼리 좋게 해결해야 한다. 큰 의견차가 없다면 상대방의 요구를 들어주는 것도 좋은 방법이다. 일이 틀

K-반도체 벨트 토지를 사라

어지면 법의 심판을 받아야 하는 경우도 생긴다. 가끔은 대화가 되지 않는 사람도 있다. 그럴 때는 중간에서 협의를 잘하는 동네 유지나 이장, 해당 토지의 친인척을 섭외하는 것도 한 방법이다. 제3자를 통해 대화하는 것이 직접 일대일로 협의하는 것보다 효과가 더 좋을 수 있다.

지적도를 보고
경계를 알아야

현재는 인공위성과 GPS로 측량하기 때문에 오차가 많이 줄어들었지만, 아직 오류가 많은 과거의 데이터가 모두 수정된 것은 아니다. 개인의 잘못이 아닌 시스템의 부재로 인한 오류가 대부분이다. 이런저런 이유로 개인 간의 분쟁이 생길 수밖에 없다. 아버지를 아버지라 부르지 못하고 형을 형이라 부르지 못하는 홍길동처럼, 내 땅을 내 땅이라 말하지 못하는 일이 벌어질 수 있다.

예시를 보면 타인의 건물이 내 땅에 침범한 상황이다. 이럴 때 나의 전략은 무엇일까? 일단은 주택 주인과 만날 것이다. 이러한 사실을 알고 있는지 모르고 있는지가 중요하다. 모른다면 알려주고 어떻게 할 것인지 물어봐야 한다. 나중에 이 땅에 건축할 때 이웃의 도움

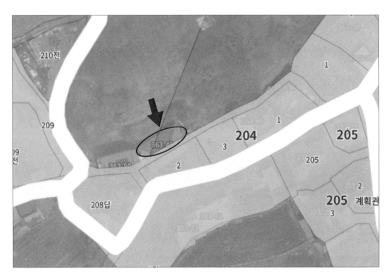

건축물이 타인의 토지를 침범한 사례 2(정확한 사실 확인은 측량이 필요하다)

을 받을 수도 있기 때문에 처음부터 압박을 해서는 안 된다.

　이웃이 이 동네에서 오래 살았거나 영향력 있는 경우라면 적절한 타협이 특히 중요하다. 나중에 이곳에 공장이라도 건축하게 되면 분명 민원이 들어올 것이다. 그때 도움을 받기 위한 지렛대로 활용할 수 있다. 대부분의 경우 오랫동안 그 지역에서 서로 얼굴을 보고 살기 때문에 별 문제가 없다. 그런데 토지주가 바뀌거나 주택이나 건물의 주인이 바뀐다면 상황은 달라진다. 당연히 자신의 권리를 찾으려고 할 것이다.

　아니면 침범한 토지를 그 부분만 잘라서 매각할 수 있다. 건물을 철거할 수 없는 상황이라면 반대의 경우를 생각해보는 것이다. 상대가 비싸다고 거부하거나 아예 그럴 생각이 없을 수도 있다. 그때는 내용증명을 보내거나 법적인 도움을 받아야 한다. 그렇게까지 가지 않는 것이 최선이다. 똑같은 상황을 나도 당하지 말라는 법은 없다.

내 건물이 타인의 토지를 침범했다면 큰소리를 칠 일은 아니다. 전후 사정이 어떻든 해결을 해야 한다. 무대뽀식으로 나오면 감정만 상할 뿐이다. 과거에는 정에 호소하면 많은 문제가 해결되었다. 하지만 토지 문제는 정에 기댈 수 없다. 법으로 문제를 해결해도 앙금이 남으니 되도록 순리대로 잘 푸는 것이 좋다.

땅을 사기 전에 앞으로 있을 일을 예측하면서 사야 한다. 내가 해결할 수 있는 문제인지, 난이도는 얼마나 되는지, 상대방이 대화가 되는 사람인지 예측해야 한다. 공인중개사가 하는 이야기만 믿으면 안 된다. 대부분의 계약서에는 이런 사실을 기록하지 않기 때문에 나중에 문제가 발생해도 책임을 묻기 어렵다.

사전에 이웃을 만나서 정보를 얻어야 한다. 의외로 알지 못하고 넘어갔다가 비용이 들어가는 일이 꽤 있다. 아예 해결이 안 되는 경우도 종종 발생한다. 말은 쉽지만 토지 투자가 익숙하지 않다면 이러한 문제에 일일이 대응하기 어렵다. 사람 사이의 일은 서로 양보하지 않으면 쉽게 해결되지 않는다.

개인의 토지를
도로로 사용한다면

　과거 시골은 정으로 사는 동네였다. 그런 이유로 동네 사람들이 필요하다고 하면 자신의 땅도 길로 내어주는 경우가 많았다. 그런데 지금은 그렇지 않다. 특히 외지인이 토지를 매입하면 마찰이 생기기 마련이다. 외지인은 자신의 땅을 절대로 타인을 위해 양보하지 않는다. 도로로 사용되고 있는데 자신의 토지라고 사람들이 다니던 길을 못 다니게 하는 사례도 종종 있다. 이런 이유로 분쟁이 많아지자 군에서 나서서 보상을 해주기도 한다.

　길로 쓰고 있는 A 부분이 개인 소유의 땅이었는데, 군에서 나서서 A 소유주에게 보상을 해줬다. 약 20평 땅의 보상가는 평당 50만 원이었다. 이런 토지를 가지고 있다면 지자체에 매수 청구를 할 수 있다. 군에서 계획이 있고 예산이 있다면 매수를 해줄 것이다.

　이처럼 자신의 건물이 남의 땅을 침범했거나, 남의 건물이 내 땅을 침범했거나, 내 토지를 길로 사용하고 있거나, 내가 남의 토지를 사용하고 있는 경우가 종종 있다. 어떠한 경우라도 바로잡아야 한다. 보상이 오고가거나, 필지를 분할하거나, 건물을 철거하는 등 여러 가지 방법을 통해서 협의를 봐야 한다. 모르면 배우면 된다.

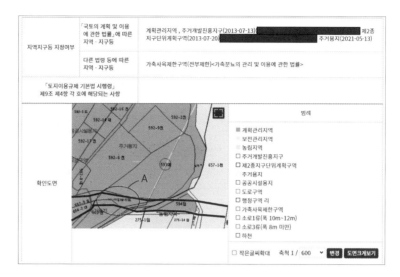

지역지구등 지정여부	「국토의 계획 및 이용에 관한 법률」에 따른 지역·지구등	계획관리지역 , 주거개발진흥지구(2013-07-13) ▮▮▮▮▮▮▮▮▮▮▮▮▮▮▮ 제2종지구단위계획구역(2013-07-20) ▮▮▮▮▮▮▮▮▮▮ 주거용지(2021-05-13)
	다른 법령 등에 따른 지역·지구등	가축사육제한구역(전부제한)<가축분뇨의 관리 및 이용에 관한 법률>
「토지이용규제 기본법 시행령」 제9조 제4항 각 호에 해당되는 사항		

A 부분은 개인 소유의 땅이었다. 마을에서 이 부분을 도로로 사용해 문제가 벌어졌다.

농막 설치 후 자갈을 깔면 농취증이 나올까?

농취증이
반려될 수 있다

농지를 매입하려는 사람들은 농지취득자격증명서(농취증)를 쉽게 받을 수 있다고 생각한다. 하지만 한 번이라도 반려를 당해본 사람이라면 잘 안다. 쉽지만은 않다는 것을. 하지 말라고 하는 것만 하지 않으면 된다. 현장에서 농지 거래를 많이 하다 보니 무엇을 조심해야 하는지 나는 잘 알고 있다.

농막은 신고만 되면 문제가 없지만 종종 바닥에 깔린 자갈이 문

표시한 토지에 농막이 있고 자갈이 깔려 있었다. 농막은 신고가 되어 문제없지만 자갈로 인해 농취증이 반려되었다.

제가 될 때가 있다. 매매를 중개하면서 처음에는 이런 사실을 모르고 거래를 했는데, 나중에 몇 번 낭패를 보고 지금은 이런 문제가 없는지 사전에 충분히 검토하고 있다.

비용은 들지만 법무사 사무실에 의뢰를 하는 것이 좋다. 그래야 깔끔하게 한 번에 농취증을 발급받는다. 법무사를 돈 벌게 해주려는 의도는 아니다. 일생에 한 번도 농취증을 받아본 적이 없다면 되도록 안전하게 돌다리를 두드리고 건너야 한다는 뜻이다.

돈을 아끼려고 하다가 시간과 돈이 더 드는 일도 많다. 일이 터지고 나면 수습하기는 어렵다. 사실 담당 공무원에게 한 번 찍히면 일을 해결하기가 굉장히 어렵다. 원칙대로 하면 걸리지 않을 수 없다. 특히 경매 투자라면 농취증을 일주일 이내에 제출을 해야 하기 때문에 더욱 주의를 해야 한다. 예전에는 3~4일 정도면 충분히 발급이 가능했지만 지금은 시간이 넉넉하지 않다. 만약 일주일 안에 법원에 농취증을 제출하지 못하면 입찰 보증금이 몰수될 수 있다.

문제가 될 소지가 있다면 미리 서둘러야 한다. 문제를 해결하기 위해서는 시간이 걸린다. 장비를 사용해야 하면 장비 업체와도 시간을 맞춰야 한다. 성수기에는 모든 장비가 바쁘기 때문에 일정을 잡기도 어렵다.

컨테이너박스를 치우고 농취증을 받은 사례

농지에 가보면 별일이 다 있다. 검은 천으로 어떤 시설을 둘러싼 경우 외관만 보고 넘어가면 큰코다친다. 화분을 키우거나, 골동품을 쌓아 놓거나, 비밀스러운 도박장이 있을 수도 있다. 이런 곳으로 사용되는 농지를 매매하거나 경매로 받는다면 처리를 해야 한다. 처리 과정에서 발생한 고철이나 고물은 고물상에 팔면 되고, 폐기물은 돈

K-반도체 벨트 토지를 사라

동그라미 표시한 부분이 검은 천으로 가린 컨테이너박스다. 컨테이너박스를 치워야 농취증 발행이 가능하다.

을 주고 처리를 부탁하면 된다. 사실 버려진 건물이라고 주인이 없는 것은 아니다. 방치를 했을 뿐이다. 허락 없이 팔면 처벌을 받을 수 있다. 함부로 해서는 안 되는 일이다.

예시처럼 검은 천으로 가린 컨테이너박스가 있다면 처리를 해야 한다. 철거를 하지 않으면 농취증 발행은 어렵다. 해당 토지의 매도자도 그 사실을 알고 있었고, 잔금 시까지 컨테이너박스를 철거하기로 하고 계약서를 작성했다. 신고가 된 농막이라면 인수를 하고 이것도 반드시 읍면동 관계 부서 담당자와 통화를 하거나, 법무사 사무실에 의뢰해서 처리해야 한다.

사소하지만 중요한 부분이다. 일생에 단 한 번도 토지 거래를 해보지 않은 사람도 많다. 단 한 번의 실수로 평생에 걸쳐 모은 돈을 날릴 수 있다는 사실을 명심해야 한다. 농취증 발급은 아무것도 아니다. 이보다 다양한 사례가 많다. 나 역시 현장에서 일어나는 모든 일을 경험한 것은 아니다. 그래서 경험 많은 전문가에게 의뢰하거나, 책을 통해 머릿속에 대략적인 그림을 그리는 것이 중요하다.

거주지가 멀면 문제가 생길 수 있다

농취증 발행은 어렵지 않지만 그렇다고 쉽게 생각해서도 안 된다. 2차선과 맞닿은 농업진흥구역 토지는 찾는 사람이 많다. 예시 토지도 2차선과 맞닿아 있어 그런 이유로 고객에게 추천을 했다. 그런데 주변의 땅을 보니 성토를 해서 높이가 높았다. 해당 땅만 푹 꺼진 상태여서 볼품이 없어 보였다. 이 땅을 소개한 이장에게 부탁해서 흙이 나오면 받아주기로 하고 계약을 진행했다.

성토는 큰 문제없이 진행되었다. 30cm만 성토를 해도 허가를 받아야 하기 때문에 사전에 확인이 필요하다. 법무사 사무실에 의뢰를 하니 괜찮다는 답변이 돌아왔다. 그런데 문제가 생겼다. 매수자가 다른 직업이 있고 나이가 어리고 농지가 거주지로부터 30km 떨어

2차선 접한 농지. 주변 땅보다 낮아서 성토 후 농취증 발행을 신청했다.

져 있다고 농취증 발급이 반려되었다.

　한 가지 팁을 주자면 직접 농사를 짓겠다는 각서를 제출하면 농취증 발급이 가능할 수 있다. 물론 담당 공무원이 동의해야 한다. 매수인은 담당 공무원을 만나서 각서를 썼고, 얼마 후 농취증을 발급받아 등기를 끝냈다.

　여러 가지 사례에서 알아봤듯이 혼자서 해결하려고 하면 안 되는 일이 많다. 누가 봐도 농취증 발급이 가능한 조건이라면 직접 해결하면 된다. 조금이라도 문제의 소지가 있다면 제발 전문가와 상담을 통해 일을 풀기 바란다.

무허가 건축물이
있다면

평택에서 부동산 중개를 시작한 지 얼마 되지 않았을 때의 일이다. 기분 좋게 잔금을 내고 수수료를 받으려는데 무허가로 의심되는 건축물이 있어 문제가 되었다. 평택 포승읍 신영리는 2016~2017년 하늘 높은 줄 모르고 땅값이 고공행진을 했다. 예시 땅을 거래할 때도 마찬가지였다. 도로가 없는 맹지인 경우도 평당 100만 원을 훌쩍 넘어갔다. 이런 상황에서 마음이 급해 이것저것 생각할 것도 없이 계약을 했다.

잔금을 내고자 농취증을 받으려고 하는데, 해당 땅에 무허가 건축물이 있어 농취증 발행이 어렵다는 답변이 왔다. 법무사 사무실에

K-반도체 벨트 토지를 사라

표시한 건물이 무허가, 미등기 건축물이다.

서 일단 해당 건물이 재산세 중 건물분의 세금을 냈는지 확인하라고 조언했다. 다행히 읍사무소에 문의를 하니 재산세를 냈다고 했다. 재산세를 냈다는 서류를 받아 농취증 담당자에게 제출했다.

이후에도 문제는 생겼다. 해당 건물을 철거한다는 조건부로 농취증이 나왔기 때문이다. 멀쩡한 건물을 철거하게 생겼다. 이전에 토지를 매매할 때도 1년 이내에 건물을 철거한다는 각서를 받고 등기를 했다는 것이다. 철거를 할지, 아니면 허가를 받아 살릴 것인지가 문제였다. 이 토지를 매수한 사람은 리모델링하고 살리는 방향으로 가닥을 잡았다. 다행히 나중에 임차도 되었고 잘 해결되었다는 소식이 들렸다.

예시 땅은 상승 초입에 저렴하게 샀기 때문에 지금은 가격이 많이 오른 상태다. 평택항이 바로 앞에 있고 여러 가지 개발 이슈가 있는 지역이라 언제든지 매물로 나와도 잘 팔릴 것이다.

무허가 건물과 미등기 건물의 차이

무허가 건물과 미등기 건물의 차이는 무엇일까? 무허가 건물은 말 그대로 허가를 받지 않았다는 뜻이다. 즉 불법적인 건물이다. 재산권 행사를 못한다는 뜻이기도 하다. 일부 달동네에는 국가 소유의 토지를 무단으로 점유해 지은 건물이 많다. 1960~1970년대 국가가 성장하고 개발이 이뤄지면서 주거할 곳이 마땅히 없는 빈민들이 달동네로 많이 모였다. 비닐하우스에 검은 천막을 두르고 사는 그런 형태였다.

이런 지역이 재개발되면, 무허가 건물이라도 오랜 기간 살았던 이력을 인정해서 아파트 분양권을 준다. 이를 노리고 일부 사람들이 분양권이 나오는 무허가 건물을 사서 모으는, 그런 투기 행위가 벌어지기도 했다.

투기를 하라는 뜻은 아니다. 얼마든지 정상적인 토지를 사서 차익을 남기는 합법적인 방법은 많이 있다. 언제든 불법적인 방식으로 돈을 벌자는 제안을 받을 수 있다. 그때는 현실을 정확히 인지하고 걸러 들을 것은 걸러 들어야 한다. 수년 전 나 역시 지역주택조합에 우연히 발을 들여 며칠 경험한 적이 있다. 그때 만약 지인에게 물건을 팔거나 내가 샀다면 지금쯤 엄청난 고통에 시달리고 있었을 것이다. 겉은 그럴싸했다. 분양사무실은 제법 큰 조직을 갖추고 있었고 팀원도 많이 있었다. 점심도 주고 활동비도 줬다. 건당 수수료도 제법 높았고 계약 시 수수료를 바로 지불하겠다는 매력적인 조건을 내세웠다.

다행히 지역주택조합의 민낯을 알고는 곧바로 손을 뗐다. 지금 와서 생각하면 안 하길 정말 잘했다는 생각이 든다. 지역주택조합은 흔히 동의율이 50%, 아니 20%도 되지 않으면서 마치 80% 동의율을 얻은 것처럼 설명한다. 서류를 조작했는지 아닌지는 분양받는 사람은 알 수 없다. 특히 위치가 시내라면 조심해야 한다. 다양한 구성원이 모여 살기 때문에 동의율이 높을 수가 없다. 새로 지은 상가들은 대개 영업 행위를 하고 있어서 건물주의 동의를 받기 힘들다. 또 새로 빌라를 지어 소유하게 된 소유주도 동의를 하지 않는다. 지금 당장 불편함이 없는데 불투명한 미래를 보고 동의를 하기란 어렵다. 또 지역주택조합은 조합장이 운영자금을 횡령하거나, 건설사와 짜고서 편법과 탈법을 일삼기도 한다.

부동산은 이처럼 다양한 분야가 유기적으로 연결되어 있다. 이 중에서 가장 기초가 되는 분야가 바로 토지다. 건물은 알지만 토지를 모르는 투자자가 많은데, 그러므로 더더욱 배워야 한다. 여러분이 땅을 알고 부동산에 접근하면 다른 사람보다 정보 면에서 우위에 설 수 있다.

다시 본론으로 돌아와서 미등기 건물은 등기부에 등재되어 있지 않은 건물을 의미한다. 이는 해당 건물이 등기되지 않았거나, 등기 과정에서 문제가 발생해 등록이 지연된 경우를 말한다. 미등기 건물은 소유자나 소유권에 대한 명확한 기록이 부재할 수 있어 거래 시 문제가 될 수 있다.

묘지가 있는
토지라면

2020년에는 안성에 토지 투자 바람이 불었다. 바람은 무섭게 기세를 탔고, 토지라는 토지는 웬만하면 계약이 성사되었다. 이번 사례는 매물이 별로 없어서 소개하기도 어려운 시점에, 매도자와 매수자 양쪽을 직접 다 중개하면서 생긴 사례다. 매도자와 매수자 둘 다 유튜브 광고로 만났다.

A 토지의 경계에 묘지가 있었다. 내가 매매하기 전에 이미 해당 토지는 묘지가 있던 B 부분에 대한 분할이 끝나 있었다. 가끔 임야 중에 뭔가를 오려내듯이 분할된 토지들이 있는데 대부분은 묘지 때문에 그런 것이다. 우리나라는 신고를 하거나 허가를 받지 않고 암

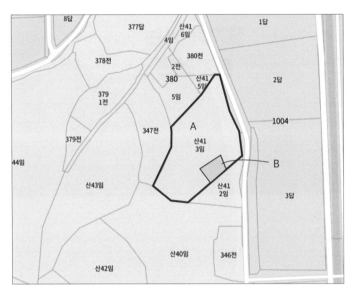

A를 매매하고자, 묘지가 있던 B를 분할했다.

묵적으로 과거부터 인정된 관습법적인 묘지들이 많다. 분묘기지권이 생긴 이후에도 대부분은 신고를 하지 않고 묘지를 쓴다. 해결하지 않으면 매매를 하는 과정에서 담당 공무원이 문제를 제기할 수 있다. 이 경우 이장을 하거나 분할이 이뤄지게 된다.

묘지가 있다고 나쁜 땅이라 단정 지을 수는 없다. 묘지를 이장하거나 땅을 분할하면 된다. 묘지를 이장하기 어려우면 분할을 해서 등기를 하고 나중에 이장을 해도 된다. 후손들이 매매 당시에는 이장을 못하는 불가피한 사정이 있을 수 있다. 그러면 분할을 하고 나중에 이장할 여건이 되면 이장을 하면 된다.

K-반도체 벨트 토지를 사라

이장합의서를 쓰고
이장하면 된다

묘지 있는 농지를 계약하고, 담당 공무원에게 연락을 했더니 묘지가 있다고 이장을 해야 한다고 했다. 이 경우 자칫 문제가 커질 수 있다. 시골 토지는 단순히 공인중개사가 매수인과 매도인 사이를 중개하는 것이 아니라, 이장이나 동네에서 목소리 좀 내는 사람을 통해 거래하는 경우가 많다. 이 땅도 해당 동네 노인회 회장이라는 분을 통해서 나왔다.

예시 지도처럼 내 땅 토지에 남의 묘지가 있었다. 해결의 실마리는 중간다리 역할을 하는 분을 통해 찾아야 한다. 노인회 회장이라는 분에게 사정을 이야기했더니 자기도 알고 있었다면서 상대방과 연결을 해주셨다. 상대방은 이장비 400만 원을 요구했다. 돈을 주고 해결하는 것이 가장 깔끔하고 어렵지 않다. 결국 매도자 측에서 300만 원, 양측 공인중개사가 50만 원씩 100만 원을 내기로 하고 합의문을 썼다.

합의문은 인터넷에서 양식을 쉽게 구할 수 있다. 양식과 별개로, 당사자 간의 계약자유의 원칙에 따라 서로 협의해서 작성하면 문제는 없다. 중요한 것은 당사자 간의 의사다. 금액과 이장 일자, 그리고 인감증명서를 첨부하면 된다.

표시한 부분이 묘지가 있던 부분이다. 묘지를 이장하고 농취증을 취득했다.

이장 비용은
얼마나 들까?

　자주는 아니지만 가끔 토지를 매매하거나 중개하다 보면 이장 문의가 들어온다. 이장 갈 땅을 확보하고 있다면 간단하다. 장례업체를 통해 굴삭기와 사람을 동원하면 된다. 수년 전에 직접 의뢰를 해보니 대략 1기에 120만 원을 요구했다. 주변 업체에 전화해서 가격을 비교해보거나, 주변 사람의 평판을 듣고 처리하는 게 좋다.

　만약 자기 땅이나 별도의 선산이 없다면 결국 납골당으로 모셔야 한다. 이럴 경우 납골당 업체에 가격 문의를 해야 한다. 고향이 멀다면 선산이 있어도 모시기 어렵다. 거리상 제약이 있다. 고향까지 3시간 이상 걸리면 1년에 몇 번 가기가 어렵다. 관리를 하지 않을 수도 없다. 벌초를 대행사에 맡기면 비용이 들어간다. 그럴 바엔 납골당이 현실적인 대안일 수 있다. 자기가 살고 있는 집에서 가까운 곳에 모시고 가끔씩 찾아뵙는 것이 후손의 도리가 아닐까 생각한다.

토지 투자자라면 다양한 부분을 알아야 한다. 모르면 돈이 많이 들어가고, 또 상대에게 당할 수도 있다. 글로는 쉽지만 합의서나 협의서를 작성해본 사람이라면 알 것이다. 문제를 해결하기가 어렵다는 점을 말이다. 특히 제일 무서운 것이 민원이다. 민원은 결국 돈과 연결된다.

사전에 다양한 부분을 염두에 두고 일을 진행하면 어려움을 피할 수 있다. 하면 할 수 있다. 단지 귀찮고 시간이 걸리고 과정과 절차가 따라올 뿐이다. 어렵다고 포기하면 지금의 현실에서 벗어나기 힘들 것이다. 이번에 알아본 묘지의 이장 문제도 그렇다. 주의해서 잘 처리하면 된다.

수년 전에 묘지로 쓸 땅을 많이 구하러 다녔다. 나중에 부모님을 모시고 싶어 경기도 권역의 토지를 찾아다녔다. 하지만 마땅한 땅을 찾을 수 없었다. 2가지 이유가 있는데 첫째로 적당한 땅은 가격이 비쌌다. 둘째로 마을을 거쳐서 나오는 땅은 묘지로 쓰기 어려웠다.

마을에 '장례차 통행금지'라는 안내판을 쉽게 볼 수 있는데, 그 이유는 동네와 연고가 없는 외지인과 묘지 문제로 마찰이 벌어졌기 때문이다.

매매계약을
해제하고 싶다면

2024년에 2건의 계약 해제 요청을 받았다. 과거에는 100건을 거래해도 1건도 발생하기 어려운 일인데 최근에 빈번하게 발생하고 있다. 그 이유는 중도금이나 잔금을 치르지 못하는 일이 생기고 있기 때문이다. 정부에서 금융기관 대출을 조이면서 문제가 벌어지고 있다.

다음은 2024년 5월 1일 〈한국경제〉 기사다.

금융당국이 농·수·신협 및 산림조합 등 전국 단위조합의 주택 구입용 편법 대출 현황을 전면 조사한다. 일부 새마을금고에서 사업자대출을 받아 주택을 사는 이른바 '작업대출'이 발견돼 규모나 경영 실태가 비슷한 상호금융 단위조합에서도 비슷한 사례가 있는지 집중 점검하기 위해서다.

사업자 대출을 받아 주택을 구입하거나 토지를 구입하는 사례가 빈번하게 발생하고 있어 당국이 나섰다. 이런 일이 생기면 현장은 위축된다. 금융기관은 정상적인 대출조차 꺼리게 된다.

전쟁이 종식되고, 원자재 가격이 내려가고, 미국의 소비자물가지수가 내려가면 미국은 금리를 인하할 것이다. 그래야 한국도 금리 인하를 할 수 있다. 이런 선순환이 되어야 토지 시장에도 훈풍이 불어올 것이다. 그런데 지금은 찬바람만 씽씽 불어온다.

계약을 하는 것도 중요하지만 계약을 해제하는 것도 중요하다. 계약 해제에 대한 절차를 알고 진행해야 문제가 발생하지 않는다. 절차대로 하지 않고 쉽게 생각하다가는 문제를 겪을 수 있다. 계약 해제에 대비하려면 계약서 작정을 처음부터 잘해야 한다. 그래야 나중에 문제가 발생해도 해결할 수 있다. 첫 단추가 꼬이면 나중에 쓸 카드가 없어진다.

반드시 인쇄된 계약서를 꼼꼼히 읽고 서명을 날인했다는 사항까지 꼭 넣어서 당사자의 인장이나 사인을 받아야 한다. 가끔 뒤늦게 트집을 잡는 경우도 있다. 제대로 설명을 듣지 못했다고 말이다. 문제를 완벽하게 막을 방법은 없더라도 해야 할 일은 꼭 해야 한다.

K-반도체 벨트 토지를 사라

계약 해제를 위한
내용증명

안타까운 일이지만 계약 해제가 필요하다면 어떻게 진행해야 할까? 매도자와 매수자의 입장이 다를 수 있다. 난 언제나 중립적인 편이지만 먼저 계약을 위반한 사람에게 압박을 주는 것이 당연한 원칙이다.

기본적으로 매수자는 계약금 포기, 매도자는 배액배상이 대원칙이다. 분명 계약서에는 이렇게 적혀 있다. 하지만 그것은 계약서의 문구일 뿐이다. 나중에 어떻게 진행될지는 아무도 모른다. 누군가의 귀책으로 계약이 해제되었는지를 따져봐야 한다. 이런 경우 계약서를 왜 쓰는지 모르겠다. 계약의 당사자에게 마지막에 남는 것은 계약서밖에 없다. 계약서를 완벽하게 문제없이 작성하도록 해야 한다.

내용증명을 보내고 계약 해제를 마무리하면 끝나는 걸까? 끝나도 끝난 것이 아니다. 이 말이 꼭 맞는 것 같다. 완벽한 마무리는 없다. 만약 계약 해제를 당하는 입장에서 억울하다면 소송을 진행할 수 있다. 이를 방어하기 위해서는 철저한 준비가 필요하다. 물론 대부분의 경우 유야무야 넘어가지만 만약 소송에 걸리면 시간 낭비, 돈 낭비에 큰 스트레스까지 겪어야 한다.

현장에서 발생 가능한
문제들을 염두에 둬야

현장에서 발생하는 다양한 부동산 관련 문제들을 염두에 두고, 해결할 수 있는 능력을 키워야 한다.

예를 들어 계약대로 진행되지 않고 지연될 경우 어떤 대처를 해야 할까? 토지를 거래할 때 계약 내용을 제대로 알고 계약하는 경우는 거의 없다. 계약서를 읽어보지 않는 경우가 대부분이다. 사실 읽는다고 해도 이해하기 어려운 부분이 많다. 문제는 이후에 생긴다. 중도금이나 잔금을 제때 내지 않으면 어떻게 될까? 계약서에는 구체적인 내용이 없다. 그래서 문제가 터지고 난 다음에 부랴부랴 계약서를 읽어보고 전문가를 찾아 나선다.

부동산을 중개하는 공인중개사도 잘 모르는 경우가 많다. 사실 민법에서 배운 내용을 현장에서 적용하는 데 어려움이 있다. 법을 아는 것과 실제 재판이 어떻게 진행되는지 겪는 것은 다르다. 경험이 없으면 알기 어렵다. 제대로 된 실무교육이 필요한 이유다.

수사기관도 부동산 중개에 대해 경험이 없기는 마찬가지다. 매매자도 모르고, 중개자도 모르고, 수사기관도 모르니 문제가 커지는 것이다. 공인중개사는 '한방'이라는 플랫폼에 다양한 사례들이 올라오고 있어 읽어보면 대략적인 이해는 할 수 있다. 2년에 한 번 받

K-반도체 벨트 토지를 사라

는 실무교육으로는 많이 부족하다. 바쁜 사람을 붙잡아서 복잡한 실무교육을 시키는 것도 낭비라면 낭비다. 다만 계약이나 분쟁에 관한 교육은 반드시 따로 해야 한다고 생각한다.

구거점용허가 문제로
압류에 걸린 사례

구거부지를 왜
점용해야 하는가?

현장에서 건축을 하기 위해서는 도로나 배수로, 전기, 상하수도 등이 중요한 사항이다. 이 부분이 해결되지 않으면 건축이 어려워진다. 건축이 가능하다 해도 돈이 많이 들어간다. 이런 일을 잘 해결해주는 사람이 전문가로 대접을 받는다. 요즘에는 인허가가 투명하게 진행되어 인맥을 동원할 필요가 없지만 이 방면의 전문가는 꼭 필요하다.

'구거점용허가'는 건축, 건설과 관련된 용어다. 특정 건축물이나 시설물이 법과 관련 규정에 따라 건설되거나 사용되기 위해 필요한 허가나 승인을 의미한다. 이것은 해당 지역의 관할 기관이 발급하며, 건축물이나 시설물이 안전하게 건설되고 사용되는 것을 보장하기 위한 장치다. 이 허가는 건축물이나 시설물의 위치, 구조, 안전성 등을 평가한 후에 발급된다.

'구거'란 용어는 도로 안전 및 규제와 관련된 문맥에서 자주 사용된다. 한국농어촌공사 소유인 구거에 대해 구거점용허가를 받아야한다면, 관련 규정과 절차는 해당 지역의 행정체계와 규제에 따라다를 수 있다. 보통은 해당 구거가 위치한 지방자치단체나 지방 정부의 관련 부서에서 구거점용허가를 처리한다. 이는 한국농어촌공사가 소유한 구거가 해당 지방의 법적 규제 및 건설 규칙에 부합해야 하기 때문이다. 이에 관련된 자세한 정보는 해당 지역 관할 단체나 정부 기관에 문의해서 관련 규정을 확인하는 것이 좋다.

구거점용허가는 건축물이나 시설물이 건설된 지역의 규제와 안전을 보장하기 위해 필요하다. 허가의 목적은 다음과 같다. 첫째, 보행자가 도로를 안전하게 이용할 수 있도록 보도와 차도의 경계를 명확히 구분하기 위함이다. 둘째, 구거점용허가를 통해 건설물이나 시설물이 도로나 인프라를 방해하지 않으면서 적절한 위치에 건설되도록 조정한다. 셋째, 건축물 건설에 관련된 법적 규정을 준수하고,

해당 지역의 건설 규제를 준수함으로써 도시 환경의 안전성과 조화를 유지하기 위함이다. 넷째, 건설된 구거물이 주변 환경을 존중하고 보호하면서 사용되도록 보장한다.

따라서 구거점용허가는 도로 및 보행자 보호, 건설 규제 준수, 환경 보호 등 다양한 측면에서 중요한 역할을 한다.

구거점용허가를 받지 않으면 계약은 무효가 될까?

일반적으로 구거점용허가를 받지 않은 상태에서 건물이나 시설물을 건설하거나 사용하는 경우, 그 건축물 또는 시설물이 해당 지역의 건설 규제를 위반하게 될 수 있다. 이는 관련 법률 및 규정에 따라 다를 수 있으며, 이러한 위반으로 인해 발생하는 사건이나 분쟁의 결과는 사례에 따라 다를 수 있다.

일반적으로는 구거점용허가를 받지 않은 경우 건축물이나 시설물이 불법 건축물로 간주되어 해당 건축물의 사용이나 소유권에 관한 계약이 무효가 될 수 있다. 따라서 건설 계약을 체결할 때는 관련 법규를 준수하고 구거점용허가를 받았는지 여부를 확인하는 것이 중요하다. 만약 구거점용허가를 받지 않은 상태에서 건축을 진행하거나 사용한다면, 법적인 문제와 불편을 초래할 수 있으므로 주의가 필요하다.

구거점용허가를 받는 방법은 이렇다. 먼저 관할 지자체나 관련 기관에 신청서를 제출해야 한다. 신청서에는 점용 목적, 위치, 기간 등을 명시한다. 점용하고자 하는 구간의 상세한 설계도를 제출해야 한다. 이는 점용 구역의 정확한 위치와 점용 방식 등을 설명하기 위한 것이다. 구거 점용의 구체적인 사용 계획을 작성해 제출한다. 여기에는 점용 목적, 예상 사용 기간, 점용방법 등이 포함된다. 이후 구거 점용이 환경에 미치는 영향을 평가해 제출해야 한다. 필요한 경우 환경영향평가서를 작성해서 제출해야 한다.

구거점용허가는 관련 법규를 준수해야 한다. 주로 하천법, 수질 및 수생태계 보전에 관한 법률, 환경영향평가법 등이 적용된다. 또 경우에 따라서는 인접 토지 소유자나 다른 이해관계자들의 동의서를 제출해야 할 수 있다. 이는 점용으로 인해 발생할 수 있는 분쟁을 예방하기 위함이다. 그리고 관할 지자체나 관련 기관에서 현장 조사를 실시할 수 있다. 점용 신청이 적합한지, 환경에 미치는 영향이 적은지 등을 확인하기 위한 것이다.

허가를 받기 위해 보증금을 납부해야 할 수도 있다. 주로 점용 종료 후 원상 복구를 보장하기 위한 것이다. 또 허가가 조건부로 승인될 수 있다. 이 경우 조건을 충족해야만 점용이 가능하며, 조건 미충족 시 허가가 취소될 수 있다. 점용 허가가 승인되면 이후에는 점용료를 납부해야 한다. 점용료는 점용 면적, 기간 등에 따라 다르게 책정될 수 있다.

구거점용허가 절차는 각 지자체나 관련 기관에 따라 다를 수 있으므로, 구체적인 절차와 요구사항은 해당 기관에 문의해서 확인하기 바란다.

토지사용승낙서 문제로 압류가 걸릴 수도 있다

실제로 토지를 팔았는데 계약금만 받은 상태에서 잔금을 못 받고 오히려 계약금을 돌려주지 않는다고 압류를 당한 사례도 있다. 이유를 물어보니 도로 사용을 위한 승낙서를 받아주기로 했는데 문제가 있어 동의를 받아주지 못해서 그렇게 되었다고 한다. 상담을 요청했길래 일단 계약금을 돌려주고 압류를 풀고 다른 사람에게 매매를 하면 된다고 조언한 바 있다. 애초에 토지주가 동의를 받아주기로 한 것부터 잘못된 것이다. 차라리 동의를 받는데 협조를 해주겠다고 했더라면 이런 일은 발생하지 않았을 것이다. 이런 약속을 서류상으로 남기는 것은 조심해야 한다. 책임이 따르기 때문이다.

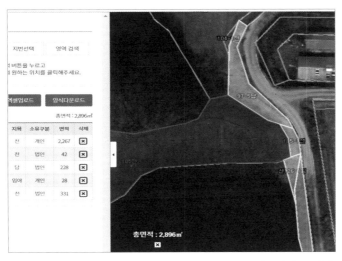

토지사용승낙서를 받지 못해 압류를 당한 사례. 오른쪽 부분이 토지사용승낙서를 받지 못한 부분이다.

도로를 사용하기 위해서는 오른쪽 부분인 법인 토지의 토지사용승낙서를 받아야 했다. 하지만 소유주가 법인이다. 법인이 샀다면 무언가 꿍꿍이가 있단 뜻이다. 공짜로 동의를 받기 힘들다고 본다. 법적 분쟁이 발생할 수 있는 가능성은 있다.

도로점용허가와 구거점용허가의 차이는 무엇일까? 도로점용은 주로 도로나 도로 부지를 이용해 건축물 또는 시설물을 건설하거나 사용하는 데 필요한 허가를 의미한다. 도로점용허가는 도로에 인접한 토지를 이용해 건물을 건설하거나, 건물의 일부가 도로나 도로 부지 위에 건설되는 경우 필요하다. 구거점용은 주로 보도나 차도와 같은 도로 시설물의 테두리나 경계를 구분하기 위해 건축되는 시설물에 대한 사용 허가를 나타낸다. 건물이 보도, 차도, 공원 등 도로나 공공 지역에 인접해 건축되거나 사용될 때 필요하다.

요약하면 도로점용은 도로나 도로 부지를 건설하거나 사용하는 데 필요한 허가를 나타내고, 구거점용은 도로나 공공 지역의 경계를 정의하기 위해 건축되는 시설물에 대한 허가를 나타낸다.

맹지에 길을 내는 방법

맹지에 길을 내는 방법에는 여러 가지가 있다.

1. 협상
가장 간단한 방법은 이웃 토지 소유자와 협상해 도로 사용 허가를 받는 것이다. 상호 이익을 고려한 협상이 이뤄질 수 있다.

2. 법적 접근권 확보
법원을 통해 공식적으로 접근권을 확보하는 방법이다. 이를 통해 맹지 소유자는 인접 토지 소유자로부터 도로 사용 권한을 법적으로 인정받을 수 있다.

3. 공동 소유

이웃 토지 소유자와 공동으로 도로를 소유하고 관리하는 방법이다. 공동 소유 계약을 통해 도로 사용에 대한 구체적인 조건을 정할 수 있다.

4. 임대

이웃 토지 소유자로부터 도로 사용 권한을 임대하는 방법이다. 이웃 토지 소유자와 임대 계약을 통해 일정 기간 동안 도로를 사용할 수 있다.

5. 구매

도로를 내기 위해 필요한 부분의 토지를 이웃으로부터 구매하는 방법이다. 이를 통해 도로를 직접 소유할 수 있다.

6. 기부채납

공공기관이나 지자체에 도로를 기부하고, 이를 통해 맹지에 대한 도로 사용 권한을 얻는 방법이다.

7. 용도 변경

공공 도로와 연결될 수 있도록 자신의 토지의 용도 변경을 신청하는 방법이다. 용도 변경이 승인되면 맹지에서 공공 도로로 직접 연결될 수 있다.

8. 합병

이웃 토지와 맹지를 합병해 하나의 토지로 만드는 방법이다. 이를 통해 맹지가 더 이상 고립되지 않고 도로에 접근할 수 있다.

9. 지자체 협의

지자체와 협의해 공공 도로를 확장하거나 새로운 도로를 건설하도록 요청하는 방법이다. 지자체의 개발계획에 따라 도로가 건설될 수 있다.

10. 토지 구획 정리

토지 구획 정리 사업을 통해 맹지와 연결된 도로를 새롭게 계획하고 건설하는 방법이다. 이 과정에서 맹지에 접근할 수 있는 도로가 만들어질 수 있다. 각 방법은 상황과 법적 조건에 따라 다르게 적용될 수 있으며, 전문적인 법률 자문이 필요할 수 있다.

주변에서 누군가 길을 내주겠다는 이야기를 해도 섣불리 믿으면 안 된다. 되도록 길이 있는 토지를 사야 한다. 건축을 할 때 가장 큰 부분이 도로다. 허가가 난 도로인지, 현재 마을 사람들이 농사를 짓기 위해 임시로 만든 도로인지 구분해야 한다. 의심스러우면 지자체 담당자에게 문의하면 간단하게 알 수 있다. 길이 없으면 도로 부지는 부르는 게 값이다.

도로점용이나 구거점용을 받더라도 정해진 기간 안에 건축을 하지 않으면 점용이 해제될 수 있다. 점용권을 사용하지 않은 이유를 소명해야 한다. 나도 그런 소명서를 여러 번 써서 지자체 담당자에게 제출한 적이 있다. 타당한 사유가 있으면 점용권은 정해진 기간까지 인정을 해준다.

토지를 분할해서
매매 시 주의사항

토지 분할 과정에서
어려움을 겪은 사례

토지를 분할해서 매매를 하려다가 고생을 한 기억이 있다. 분양 시 수수료를 많이 주겠다는 말이 족쇄가 될 줄은 그때는 몰랐다. 1년 반을 고생해서 지금은 좋게 해결되었다. 그만큼 전문가도 분할해서 매매하는 작업은 굉장히 어렵다.

안성시 보개면 오두리 토지였는데, 매수는 2015년에 했다. 약 3,700평의 땅을 평당 20만 원, 즉 7억 4천만 원 정도에 매입했다. 토지 분할을 위한 구적도를 만들고, 토목공사를 하는 과정에서 비용이 7억 원이 들었다. 그런데 전소유주와 현소유주의 소유권 분쟁이 붙어서 2심까지 가게 되었다. 정확한 사유는 모르겠지만 계약금 중도금 잔금이 약속대로 지켜지지 않아서 소송을 벌인 것이라고 한다. 2021~2022년 안성의 토지 시장이 가장 좋을 때 매도를 했어야 하는데 소송으로 인해 타이밍을 놓치고 말았다.

결국 전소유주와 현소유주는 2024년 2월에 합의를 본다. 매수 당시의 금액보다 배액을 배상하고 매수한 것으로 판단된다. 그런데 공사비까지 고려하면 21억 7천만 원이 들었기 때문에, 이대로라면 현소유주는 매도를 해도 큰 이익이 생기지 않는다. 결과적으로 투자에 실패한 사례다.

정확한 이유는 모르지만 이처럼 토지 분할은 굉장히 복잡하고 난이도가 높다. 사람들은 돈만 있으면 투자에 성공할 수 있다고 생각한다. 그러나 돈보다는 실력과 마인드가 중요하다. 돈은 그다음이다. 돈만 믿고 투자를 하면 밑 빠진 독에 물 붓기가 된다. 경험 많은 사람도 긴장을 풀면 당하는 것이 이 세계다.

가설계도는 안성시 보개면 남풍리 토지로, 토지 분할로 많은 수익을 올린 사례다. 평당 10만~20만 원에 매수해서 평당 50만~90만 원에 매도를 했다. 내가 적극적으로 홍보해 10필지가 넘는 토지를 매도해줬다. 처음부터 매도를 염두에 두고 분할을 했는데,

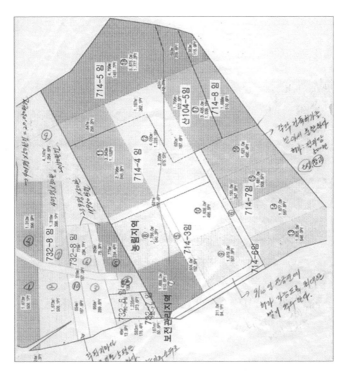

안성시 보개면 남풍리 토지 분할 당시 가설계도

무엇보다 타이밍이 좋았다. 주변에 서울세종 고속도로 고삼IC가 들어오고, 삼성전자가 보유한 남풍리 토지가 개발될 것이란 소식이 시장에 꾸준히 흘러나왔기 때문이다.

　그럼 토지를 분할해서 매매할 때 어떤 부분을 주의해야 할까? 토지를 분할할 계획이라면 법적·행정적·실무적 요소를 고루 고려해야 한다. 하나씩 살펴보자.

K-반도체 벨트 토지를 사라

1. 법적 검토

해당 토지가 현재 어떤 용도로 지정되어 있는지 확인해야 한다. 토지 분할이 법적으로 가능한지 여부를 결정하기 위함이다. 각 지자체별로 토지 분할에 대한 규정이 다를 수 있으므로 이 부분도 확인이 필요하다. 예를 들어 최소 분할 면적이나 특정 용도에 따른 분할 제한 등이 있을 수 있다.

2. 측량 및 경계 확인

공인된 측량사를 통해 정확한 측량을 실시하고 경계를 명확히 하는 것이 중요하다. 분쟁을 예방하는 데 도움이 된다. 분할된 토지의 경계를 명확히 표시해 매매 후 경계와 관련해 분쟁이 발생하지 않도록 예방한다.

3. 지자체 허가 및 승인

지자체에 토지 분할 승인을 신청해야 한다. 이를 위해 필요한 서류와 절차를 사전에 파악하고 준비한다. 특정 용도로 사용할 계획이라면 추가적인 개발 행위 허가가 필요할 수 있다.

4. 세금 계산

토지 분할과 매매에 따른 세금(취득세, 양도세 등)을 정확히 계산하고 납부 계획을 세운다. 세금 문제에 대한 정확한 정보를 얻기 위해 세무사와 상담하는 것이 좋다.

5. 서류 준비

분할된 토지에 대한 매매계약서를 작성할 때는 분할 면적, 경계, 가격, 조건 등을 명확히 기재해야 한다. 그래야 뒤탈이 없다. 이후 매매계약을 공증하고, 토지 분할과 매매에 대한 등기 절차를 완료하면 된다.

6. 인프라 및 접근성 고려

전기, 수도, 가스 등 기반시설이 잘 갖춰져 있는지 확인하고, 부족한 부분이 있다면 보완 계획을 마련한다. 분할된 토지의 도로 접근성을 확인하고, 필요한 경우 도로 신설이나 진입로 확보 계획을 세운다.

7. 환경 및 건축 규제

필요한 경우 토지 분할 및 개발이 환경에 미치는 영향을 평가하고 관련 규제를 준수한다. 건축 가능 여부와 건축 제한사항을 확인한다.

K-반도체 벨트 토지를 사라

8. 시장 분석

해당 지역의 부동산 시장을 분석해서 적절한 분할 방법과 가격을 결정한다. 부동산 중개업자나 전문가의 조언을 받아 전략을 수립한다.

9. 공유자 동의

토지를 여러 사람이 공유하고 있는 경우, 모든 공유자의 동의를 받아야 한다. 공유자들의 동의를 문서로 명확히 받아 추후 분쟁을 예방한다.

10. 투명한 정보 제공

매수자에게 토지에 대한 모든 정보를 투명하게 제공해서 신뢰를 구축한다. 계약서에 모든 조건을 명확히 기재해 매수자와의 오해를 방지한다.

이러한 주의사항을 철저히 검토하고 준비함으로써, 토지 분할 및 매매 과정을 원활하게 진행할 수 있다. 물론 변수 없이 과정대로 일이 흘러간다면 무슨 걱정이 있겠는가. 더 중요한 것은 시장 상황이다. 예를 들어 2023년 1월 이후 최근까지 토지 분할 후 매매를 추진했다면, 아무리 마케팅의 귀재라도 죽을 쑤고 있을 확률이 높다. 나도 나름 땅을 잘 판다고 자부하지만 시장 앞에선 항상 겸손한 자세를 유지하고 있다.

토지를 분할해서 매매하면 어떤 장점이 있을까? 경우에 따라 다르지만 개별 필지의 가치가 증가할 수 있다. 큰 토지를 작은 필지로 분할하면 개별 필지의 단위 면적당 가치가 높아질 수 있다. 작은 면적의 토지가 수요가 높기 때문에 원활한 거래가 가능하다. 위험을 분산하는 효과도 있다. 여러 필지로 분할하면 한 번에 모든 토지를 매도하지 않으므로, 시장 상황에 따라 투자 위험을 분산할 수 있다. 또 필요할 때마다 부분적으로 매도해서 자금 유동성을 확보할 수 있다. 갑작스럽게 자금이 필요할 때 유용하다.

분할된 토지는 다양한 용도로 개발할 수 있어 시장 상황에 따라 유연한 대처가 가능하다. 또 특정 상황에서는 분할 후 개별 매매 시 세금 부담이 줄어들 수 있다. 예를 들어 큰 토지를 한 번에 매매하는 것보다, 작은 토지를 시차를 두고 조금씩 매매하는 편이 세금 면에서 유리할 수 있다. 아울러 토지 분할을 통해 수요자의 다양한 요구를 수용할 수 있다. 예를 들어 특정 크기나 형태의 토지를 원하는 구매자에게 맞춤형으로 제공할 수 있다.

현장에서 경험한 바로는 토지 분할 역시 주변에 개발 이슈가 있어야 일이 원활히 풀린다. 용인처럼 유망한 산업단지 주변이 좋다. 무엇보다 경제적인 환경이 중요하다. 금리가 저렴해야 한다. 땅은 돈이 돌지 않으면 투자하기 힘든 상품이다. 임대를 주는 주택과 달리 매월 들어오는 수입이 없기 때문에 대출을 받았다면 이자를 걱정해야 한다. 그래서 경제가 어려워지면 땅은 후순위로 밀리기 쉽다. 그러나 아이러니하게도 높은 수익을 얻기 위해서는 경제 환경이 어려울 때 매수를 결정해야 한다. 다시 한번 강조하지만 투자자는 대중과 반대로 가야 한다.

원룸 임대업의
장단점

나는 2020년 진천군 덕산읍에서 1년간 원룸에 산 경험이 있다. 그 이후 안성시 대덕면 원룸에서 2년간 지냈다. 원룸 건물을 운영해본 경험이 없는 내가 원룸 건물의 장점을 이야기한다면 소가 웃을 일이다. 그러나 현장에서 여러 고객과 어울리며 간접적으로 얻은 경험이 많다.

부동산으로 돈을 벌려면 우선은 1천만 원부터 모아야 한다. 그 돈이 마중물이 되어 5천만 원, 1억 원, 3억 원 정도의 종잣돈으로 이어지기 때문이다. 단돈 1천만 원이라도 직접 모아본 사람은 안다. 돈을 모으기가 얼마나 힘든지. 그래서 돈을 모아본 사람은 쉽게 과소

K-반도체 벨트 토지를 사라

비를 하지 않는다. 어느 정도 종잣돈이 모이면, 대출과 보증금을 끼고 원룸 건물을 매수하면 된다.

나도 투자금이 모이면 원룸 건물을 하나 살 생각이다. 목적은 단하나다. 생활비를 해결하기 위함이다. 생활비가 해결되면 추가로 토지를 살 것이다. 그리고 그 토지에 건물을 올려 매도할 것이다. '원룸 건물 매수→토지 매수→건축→매매' 이러한 순서로 무한 반복하면서 투자금을 늘려나갈 것이다. 2020년에 내가 거주한 덕산읍 원룸 건물의 건물주 역시 이러한 순서로 자산을 불려나갔다. 수도권에 이미 많은 빌딩이 있고, 진천에 원룸 건물만 3개 동이라 한다. 내가 이사를 생각하는 시점에는 모두 털고 몇 개의 건물만 남길 계획이라고 했다.

안성시 대덕면에서 만난 한 투자자도 7개 동의 원룸을 직영으로 건축해서 임대를 주고 있었다. 월수입만 5천만 원 이상에 달했다. 그는 나에게 평당 50만 원대의 공장 건축이 가능한 땅을 구해달라고 의뢰했는데, 매물이 없어서 함께 임장을 다녔다. 수시로 안성을 뒤지면서 땅을 찾아다닌 결과, 현재는 3개의 공장을 지어서 월 6천만 원의 수익을 추가로 올리고 있다. 그는 매달 1억 원이 넘는 현금흐름을 만들어 풍족한 노후를 보내고 있다.

여러 사례를 보면서, 나는 철저히 벤치마킹하겠다고 마음먹었다. 어느 정도 조건을 갖추고 현재는 시기를 타진하고 있다. 유일한 걸

림돌은 대출이다. 지방의 금융기관이 PF대출로 부실해지자, 지방 다가구주택의 대출이 막히고 있다. 가장 큰 변수를 만난 것이다.

원룸 건물 매입을 고려하고 있다면

『중소기업 다니던 용수는 수익형 부동산으로 어떻게 월 7,000만 원 벌게 됐을까?』라는 책이 있다. 원룸 임대업으로 파이어족이 된 저자는 원룸 임대업자로 성공한 과정과 고충을 책을 통해 생생히 소개한다.

원룸 건물을 짓거나 산다고 해서 모든 것이 뚝딱 해결되는 것은 아니다. 세입자 중에는 월세를 못 내거나 밀리는 경우가 종종 있다. 원룸은 지갑 사정이 빠듯한 이들이 주로 살다 보니 아파트나 투룸, 쓰리룸에 비해 월세가 밀리는 빈도수가 많은 편이다. 월세 계약기간이 3~6개월 정도로 짧거나, 보증금이 50만~100만 원 정도로 형성된 구역은 경쟁력이 떨어진다고 볼 수 있다.

원룸 건물을 매입한다면 직방, 다방을 통해 주변의 연식이 비슷한 건물의 월세 상황을 파악해볼 필요가 있다. 공인중개사가 말하는 월세 수익률이 맞는지 검증해보고, 만약 수익률이 6~7%를 웃돈다면 매우 좋은 물건이다. 만일 주거지역에 원룸 건물이 있다면 'A+' 입지라고 볼 수 있다. 수익률이 다소 낮더라도 투자하길 권한다. 'A+' 입지는 수요자가 넘쳐서 공실이 적고, 심지어 입주 대기 희망자 까지 생길 수 있다.

원룸 건물 매입을 고려한다면 다음의 사항을 꼭 확인해야 한다.

첫째, 불법 건축물 여부를 파악한다. 둘째, 잔금을 치르기 전에 균열, 누수 등의 문제는 없는지 모든 방을 확인한다. 셋째, 건물 연식 2012년까지는 주차대수가 1가구당 0.7대로 수익률이 높다. 2012년 이후는 1가구당 1대로 높아져 수익률이 급격히 낮아진다. 넷째, 방 구조가 오픈형인지 분리형인지 파악한다. 같은 원룸이어도 여성 임 차인은 슬라이드 문으로 공간이 나뉜 분리형 구조를 선호한다.

다섯째, 도배업체와 철물점 등을 소개받는다. 대형 철물점은 가 격이 저렴하고 제품도 많아 좋지만 대부분 출장 수리는 해주지 않는 다. 우리 건물에 있는 싱크대의 특징을 잘 알고 있는 싱크대 업체도 소개받으면 좋다. 기존에 거래하던 업체라면 문제가 생겼을 때 전화 로만 이야기해도 무엇이 문제인지, 비용이 얼마나 드는지 척척 설명 해준다.

그럼 원룸 임대업의 장점은 무엇일까? 많은 장점이 있지만 7가 지만 살펴보겠다.

1. 수익 창출

원룸을 임대하면 월세를 통해 안정적인 수익 창출이 가능하다.

2. 수요 높음

도심이나 대학가 등 인구가 밀집된 지역이라면 안정적인 임차가 가능하다. 또 학생, 직장인, 싱글 등 다양한 계층을 상대하기 때문에 수요층이 두텁다.

3. 운영 용이

원룸은 관리 및 유지 보수가 다른 부동산에 비해 비교적 간단하다. 면적이 작고 구조가 단순하기 때문이다.

4. 저비용 투자

작은 크기와 간단한 구조로 인해 원룸 건물은 투자 비용이 저렴하다. 초기 투자 비용이 저렴하기 때문에 시장 진입이 쉬운 편이다.

5. 짧은 임대 기간

원룸의 경우 짧은 기간 동안 임대하는 경우가 많기 때문에 장기적인 계약에 비해 유동적인 임대가 가능하다.

6. 가격 변동 적음

원룸은 대형 아파트나 주택에 비해 상대적으로 가격 변동이 적다. 경기 변동에 상대적으로 안정적으로 대응할 수 있다.

7. 부동산 자산 다변화

원룸 임대는 포트폴리오 다변화 측면에서도 고려할 만하다. 여러 유형의 부동산 투자를 통해 리스크에 대비할 수 있다.

원룸을 한 동 관리하다 보면 몇 동 더 관리하고 싶은 욕심이 생긴다. 경험하면 알게 되고, 알게 되면 쉬워지고, 쉬워지면 행동하게 된다. 한 동만 관리해보면 장단점을 파악하게 되고 건축까지 고려하게 된다. 그렇게 작은 시행사를 운영하게 되는 경우도 있다. 부동산 투자의 꽃은 시행이다. 시행 경험이 있다면 모든 과정을 독파한 것과 같다. 언젠가는 나도 꼭 그 일을 해보고 싶다. 중개도 할 만큼 했으니 좀 더 난이도 있고 수익률 높은 일을 찾고 싶다. 최근에는 경제 상황이 악화되어 건축비가 비싸니, 금리가 내려가고 상황이 개선되면 언젠가는 도전을 해볼 생각이다.

부동산실거래가신고와
자금조달계획서

부동산실거래가신고란
무엇인가?

부동산실거래가신고란 부동산 또는 부동산을 취득할 수 있는 권리의 매매계약을 체결한 경우, 실거래가보다 낮게 계약서를 작성하는 이중계약의 관행을 없애고자 실거래격 등의 정보를 신고하는 제도를 말한다. 관련 조항은 다음과 같다.

매수인 및 매도인(이하 "거래당사자"라 함)이 다음의 부동산 또는 부동산을 취득할 수 있는 권리에 관한 매매계약을 체결한 때에는 일정한 사항을 거래계약의 체결일부터 30일 이내에 매매대상 부동산(권리에 관한 매매계약의 경우에는 그 권리의 대상인 부동산) 소재지의 관할 시장·군수 또는 구청장에게 공동으로 신고하거나 <국토교통부 부동산거래관리시스템 (https://rtms.molit.go.kr)>을 통해 신고해야 합니다(부동산 거래신고 등에 관한 법률 제3조 제1항).

매수인과 매도인뿐만 아니라 개업 공인중개사 역시 매매계약서를 작성·교부했다면 실거래가를 신고해야 할 책임이 생긴다(부동산 거래신고 등에 관한 법률 제3조 제3항). 어떻게 신고를 하느냐는 중요한 것이 아니다. 더 중요한 것은 어떻게 이런 정보를 어떻게 활용하느냐다. 실거래가 신고로 부동산 거래가 투명해지면서 디스코, 밸뷰맵, 땅야, 랜드북, 호갱노노 등을 통해 토지 가격을 쉽게 확인할 수 있다. 물론 이런 정보를 안다고 해서 저렴하게 토지를 살 수 있는 것은 아니다. 다만 안정장치가 하나 늘었다고 보면 된다. 현장에 가보지 않아도 지금 사려는 땅이 터무니없는 시세인지 아닌지 확인이 가능하기 때문이다.

실거래가 신고는 공인중개사나 법무사 사무실에서 대행해준다. 혹은 지자체에 가면 신고양식이 있으니 양식대로 기재해서 신고하면 된다. 처음에는 당연히 어렵다. 공인중개사인 나도 가끔 헷갈릴 때가 있다. 헷갈리는 부분이 생기면 지자체 담당자에게 문의하면 된다. 30일 이내에 하지 않으면 과태료를 매긴다고 하는데, 사안별로 다를 때가 있다. 나도 매매 당사자의 요구로 신고기간인 30일을 넘겼는데 다행히 과태료 처분은 받지 않았다. 물론 다 그런 것은 아니니 확인은 필요하다.

자금조달계획서는 왜 작성하는 걸까?

소득이 없는 젊은층이나 전업주부라면 소득을 증빙하기가 쉽지 않다. 정부에서 자금조달계획서를 받는 이유는 불법행위를 방지하거나 세금을 거두기 위함이다. 즉 의심스러운 돈이 있다면 처벌을 받거나 세금을 내야 한다. 본인의 노력이나 힘으로 번 돈이 아니라면 몰래 증여를 받은 것은 아닌지 의심을 사게 된다. 그래서 내가 지불한 돈이 부동산을 처분해서 생긴 돈인지, 부모나 타인으로부터 받은 돈인지, 열심히 사업을 해서 번 돈인지, 저축해서 산 것인지, 회사에 다니면서 모아둔 돈인지를 증빙해야 한다. 증빙하지 못하면 세금을 내야 할지도 모른다.

운이 좋아서 그런지 모르겠지만, 지금까지 많은 토지 매매를 진

K-반도체 벨트 토지를 사라

행했지만 특별히 자금조달계획서를 잘못 작성해서 증여세를 맞은 경우는 없었다. 공격을 위해서는 늘 방어를 염두에 두고 있어야 한다. 자신의 약점을 모두 노출시키고 무리하게 공격한다면 결국 처참한 결과를 맞이하게 된다. 최근에 세금 문제로 사업을 못하겠다고 울상인 투자자가 늘고 있다. 원룸 통건물을 지어서 매각했는데 세금이 수천만 원에 달했다며 남는 게 없다고 하소연한다. 바쁘게 살다 보니, 또 급히 매각하다 보니 세금계산서와 같은 여러 증빙을 챙기지 못했다며 하소연한다.

세금에 발목을 잡히면 좋은 가격에 거래를 해도 앞으로 남고 뒤로 밑지는 장사를 할 수 있다. 무슨 일을 하든 초기부터 세금을 고려해야 나의 소중한 재산을 지킬 수 있다. 생각보다 세금이 너무 많이 나와서 계약을 했다가 취소하는 사례도 많이 경험했다. 세금이 무서워서, 지자체의 이행강제금이나 강제매각처분이 두려워서 주소를 토지를 산 지역으로 옮기는 일도 자주 있다. 그래서 처음부터 잘 설계하고 접근을 해야 한다.

경험이 쌓이고 시간이 지날수록 디테일에 답이 있다는 사실을 깨닫는다. 예전에는 대충 어떻게든 되겠지 하는 안일한 태도를 가졌다면, 지금은 매사 많이 고민하고 생각한다. 자본주의사회는 세금과의 전쟁이다. 단돈 10원을 벌어도 세금을 고민해야 한다. 혹자는 세금을 많이 내도 좋으니 돈을 왕창 벌어봤으면 좋겠다고 한다. 그런데 막상 돈을 많이 벌면 한 푼의 세금이라도 아끼려고 애를 쓰기 마련이다.

나도 사업을 하면서 부가가치세, 소득세, 종합소득세 그리고 준조세적인 성격인 의료보험과 국민연금을 내고 있다. 종업원이 있다면 추가로 4대보험을 지불해야 한다. 세금이 무서운 것은 사실이다. 우리보다 잘사는 유럽의 복지국가들은 더하다고 한다. 벌이의 50% 이상을 세금으로 납부한다. 젊어서 돈을 벌어 국가에 바치고 노후에는 혜택을 받으며 살아간다. 우리나라는 투명하지 못한 시스템으로 중간에서 새는 돈이 많으니, 결국 노후도 스스로 책임을 져야 한다. 억울한 일이다.

다시 본론으로 돌아와서, 자금조달계획서는 부동산 거래 시장 관리를 위해서 실거래가 신고를 할 때 같이 제출하는 문서로, 쉽게 말해 '이 대금을 어디서 갖고 왔는지' 설명하는 문서다. 주택과 토지를 구분해서 봐야 한다. 규제지역에서 주택을 살 경우 자금조달계획서를 제출해야 하며, 규제지역 외에도 6억 원이 넘는 집이라면 의무적으로 내야 한다. 토지의 경우 수도권, 광역시, 세종시의 1억 원 이상의 토지라면 자금조달계획서를 제출해야 한다. 지분 거래의 경우 금액과 무관하게 제출해야 한다. 이 밖에 지역은 6억 원 이상의 토지일 경우 자금조달계획서를 제출해야 한다.

6장

절대 실패하지 않는
토지 활용법

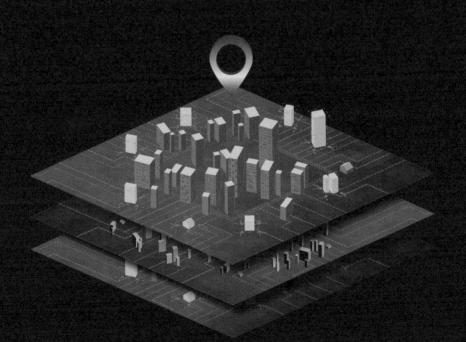

인기 없는 시골 토지라면
농지연금을 받자

어머니께서는 살아오면서 시골에서 한평생 농사를 지으셨다. 어머니를 위해 가장 잘한 일은 농지연금을 신청해드린 일인 것 같다. 연금을 받고 계신 지 4년이 되어간다. 지금도 고향에 가면 동네 어른들이 칭찬을 하신다. 어떻게 그런 생각을 했냐고 하면서 말이다. 매월 정기적으로 돈이 들어오는데 금액은 그리 크지 않다. 대략 73만~75만 원 정도다. 다른 기초연금 30만 원, 노령연금 20만 원을 합하면 125만 원 정도다. 노인일자리로 3시간씩 15일을 일하면 30만 원 정도가 또 나온다. 합계가 155만 원이다. 시골은 나물이나 쌀 등 먹거리를 자급자족하는 경우가 많다. 그래서 생활비가 도시의 절반 수준이다. 155만 원이면 풍족하진 않아도 꽤 괜찮은 수입이다.

가지고 있는 농지가 있다면 농지연금을 고려해볼 필요가 있다. 누구에게나 노년기는 찾아온다. 나도 땅을 조금씩 사면서 계획을 세운다. 가격이 오른 뒤에 팔지, 농지연금을 받을 용도로 활용할지 여러 고민을 한다. 나도 향후 국민연금과 기초연금을 받으면 월 100만 원 정도는 될 것이다. 추가적으로 현금흐름을 만들기 위해 주택연금, 농지연금, 원룸 건물 투자 등 여러 가지 방안을 두고 고민하고 있다. 매월 최소 300만 원 정도는 있어야 노후생활이 가능하다. 생활비의 든든한 한 축이 바로 농지연금이다.

농지연금
가입 조건

농지연금이란 농업인들이 안정적인 노후 생활을 보장받을 수 있도록 지원하는 제도로, 소유한 농지를 담보로 연금을 지급받는 형태다. 이 부분을 노려서 투기를 하라는 뜻은 아니다. 노후에 약간의 수입과 소일거리, 알찬 시간을 보내고 싶은 분에게 추천한다. 한때는 경매로 싸게 농지를 받아서 농지연금을 받는 것도 가능했으나, 현재는 최소 5년은 농사를 지어야 한다는 조건이 생겼다.

K-반도체 벨트 토지를 사라

가입 연령은 신청연도 말일 기준으로 농지 소유자 본인이 60세 이상이어야 한다. 예를 들어 2024년에 신청한다면 1964년 12월 31일 이전 출생자만 신청 가능하다. 또 신청인의 영농 경력이 5년 이상이어야 한다. 농지연금 신청일 기준으로부터 과거 5년 이상 영농 경력 조건을 갖춰야 한다. 영농 경력은 신청일 직전 계속 연속적일 필요는 없으며 전체 영농 기간 중 합산해서 5년 이상이면 된다. 참고로 은퇴직불형의 경우 영농 경력이 10년 이상이어야 한다.

담보농지는 농지연금 신청일 현재 다음 요건을 모두 충족해야 한다. 농지법상의 농지 중 공부상 지목이 전, 답, 과수원이어야 한다. 사업 대상자가 소유하고 있고 실제 영농에 이용되고 있는 농지여야 한다. 사업 대상자가 공부상 지목 전, 답, 과수원으로 2년 이상 보유했어야 한다. 상속받은 농지는 피상속인의 보유 기간을 포함한다. 사업 대상자의 주소지(주민등록상 주소지 기준)가 담보 농지가 소재하는 시군구 및 그와 연접한 시군구 내여야 한다. 혹은 주소지와 담보 농지까지의 직선거리가 30km 이내 지역에 위치해야 한다.

당연히 저당권 등 제한물권이 설정되지 아니한 농지여야 한다. 단 선순위 채권최고액이 담보 농지 가격의 15/100 미만이라면 가입 가능하다. 압류·가압류·가처분 등의 목적물이 아닌 농지여야 하며, 불법 건축물이 설치되어 있으면 안 된다. 또 본인 및 배우자 외의 제3자가 공동 소유하고 있는 농지 역시 가입이 불가하다. 농작업을

지급 방식	종신형·경영이양형	기간정액형 (5년)	기간정액형 (10년)	기간정액형 (15년)	기간정액형 (20년)
가입연령	60세 이상	78세 이상	73세 이상	68세 이상	63세 이상

구분	은퇴직불형				
지급 방식	6년	7년	8년	9년	10년
가입연령	79세	78세	77세	76세	65~75세

위한 농기계 진출입이 어려운 농지도 가입이 어렵다.

종신형과 기간정액형 중 무엇이 유리한지 고민해보기 바란다. 보유한 자신이나 부모님의 건강 상태 등에 따라 적절히 선택하면 된다. 우리 어머니는 기간정액형(15년)을 선택해드렸다.

농지연금
잘 받는 방법

농지연금을 잘 받기 위해서는 몇 가지 전략과 방법이 필요하다. 다음은 농지연금을 잘 받는 방법이다.

1. 자격 조건 충족하기

농지연금을 받기 위해서는 기본 자격 조건을 충족해야 한다. 농지은행(www.fbo.or.kr)에서 제공하는 자격 요건을 사전에 철저히 확인하자.

2. 농지 가치를 최대한 반영하기

농지의 가치를 높게 평가받기 위해서는 농지의 상태를 잘 유지하고, 필요한 경우 재배작물 등을 통해 농지의 가치를 높여야 한다.

3. 신청 시기 조율하기

신청 시기에 따라 연금 수령액이 달라질 수 있다. 본인에게 유리한 시기를 선택하는 것이 중요하다.

4. 전문가와 상담하기

한국농어촌공사나 금융 전문가와 상담해 개인 상황에 맞는 최적의 농지연금 수령 방법을 계획해야 한다.

5. 관련 법령 숙지하기

농지연금과 관련된 법령이나 정책이 변경될 수 있으므로, 최신 정보를 지속적으로 확인하고 대응해야 한다.

6. 가족과 잘 협의하기

농지연금 수령 전에 가족 구성원들의 의견을 충분히 반영해서 향후 발생할 수 있는 분쟁을 예방하자.

7. 다른 금융상품과 연계하기

농지연금을 다른 금융상품과 적절히 연계해 전체적인 재정 계획을 세우자.

농지연금을 활용하면 안정적인 노후 생활에 보탬이 되는 중요한 자원이 될 수 있다. 그럼 농지연금을 수령할 때 유리한 토지 유형은 무엇일까?

첫째, 고가치 작물 재배지가 유리하다. 과수원, 약초 재배지 등이 이에 해당한다. 둘째, 기반시설이 잘 갖춰진 농지가 유리하다. 관개시설, 배수시설, 농로 등이 잘 갖춰진 농지는 높은 평가를 받는다. 셋째, 도시 근교 농지가 유리하다. 넷째, 규모가 큰 농지가 좋다. 다섯째, 집약적 농업이 가능한 농지가 유리하다.

이 밖에 농지의 토질, 수질, 접근성, 기후 조건 등 다양한 요인이 농지의 가치에 반영된다. 농지연금을 수령하기 전에 전문가의 평가를 받아 자신이 소유한 농지가 어떤 조건에서 유리한지 파악하는 것이 좋다.

순번	주소	면적 (평)	감정가 (원)	감정평가액 (원)	공시지가 (원)	공시금액 (원)	농지연금 토지감정 평가금액(원)
1	경남 하동군 악양면 신흥리 ○○답	456	92,400	42,134,400	52,140	23,775,840	-
2	경남 하동군 악양면 신흥리 ○○답	543	92,400	50,173,200	27,766	15,076,938	50,173,200
3	경남 하동군 악양면 신흥리 ○○답	554	99,000	54,846,000	43,830	24,281,820	54,846,000
4	경남 하동군 악양면 신흥리 ○○답	737	99,000	72,963,000	46,200	34,049,400	-
5	경남 하동군 악양면 신흥리 ○○답	316	85,800	27,112,800	31,944	10,094,304	27,112,800
합계				247,229,400	-	107,278,302	132,132,000
매월 연금 73만 원 (기간정액형 15년)				연금 수령 총액		730,000 ×12×15	131,400,000
				감정가 총액-실수령액		차액	732,000

| 농지연금을 받고 있는 어머니의 사례 |

여러분의 이해를 돕기 위해서 어머니의 사례를 첨부하겠다. 아는 만큼 보인다고 했다. 농지연금 하나만 잘 알아도 노후 걱정 없이 살 수 있다. 65세까지 5년이나 10년이 남았고 특별히 다른 노후 계획이 없다면, 지금부터 차근차근 준비하기 바란다.

도로가 계획된 토지 주변에 이동 가능한 건물을 짓자

개발이 예상된다면 이동형 건물을 짓자

도로 여건이 이미 좋다면 고민할 필요 없지만, 도로 여건이 나쁘거나 곧 도로가 들어서서 땅의 모양이 바뀔 수 있다면 이동형 건물을 권한다. 향후 개발이 예정되어 있는 변수 많은 토지라면 이동형 건물을 짓는 것이 좋다.

이동형 건물은 설치와 해체가 용이하고 용도도 다양하다. 농장 및 농지의 경우 농기구 보관소, 작업 공간, 임시 주거지 등 다양한 용

K-반도체 벨트 토지를 사라

도로 활용될 수 있다. 농지의 경우 계절에 따라 건물 위치를 변경할 수 있어 효율적이다. 건설 현장에서는 사무실, 휴게실, 창고 등으로 사용된다. 다른 현장으로 쉽게 옮길 수 있어 이동형 건물이 매우 유용하다. 관광지 및 캠핑장에서는 숙박시설, 화장실, 카페 등으로 사용될 수 있다. 필요에 따라 위치를 조정하거나 휴가 시즌 종료 후 철거할 수 있어 관리가 편하다.

개발이 예상되는 지역은 수용의 가능성이 늘 존재하므로 이동형 건물을 고려하는 것도 한 방법이다. 건물을 지어놓고 철거를 당할 수 있기 때문이다. 적절한 보상을 받지 못하면 투자에 실패하는 것은 물론이고 스트레스도 어마어마하다. 상업용이거나 근린생활시설이라면 디자인보다는 가성비가 중요하다. 멋지지 않아도 편리하게 사용할 수 있어야 한다. 그런 측면에서 컨테이너나 조립식(모듈러) 형태의 건물을 추천하다.

최근 조립식(모듈러) 주택을 눈여겨보고 있다. 재료도 다양하고, 디자인도 예쁘고, 가성비와 가심비도 잡았다. 비교적 건축 시간도 짧고 민원도 없다. 여러 장점이 있기 때문에 조립식(모듈러) 주택 투자를 고려하고 있다. 물론 이동식 건물이라고 해서 단점이 없는 것은 아니다. 컨테이너나 조립식(모듈러) 형태의 건물을 짓고자 한다면 다음 사항을 고려해야 한다.

첫째, 단열 및 방음 처리에 신경 써야 한다. 특히 컨테이너는 금속 구조물이므로 단열 및 방음 처리가 필요하다. 둘째, 환기 및 채광을 위한 방안이 필요하다. 창문과 환기 시스템을 설치해야 한다. 셋째, 구조적 안전성을 고려해야 한다. 이 부분을 충족하기 위해 내부 보강이 필요할 수 있다. 넷째, 법규를 준수해야 한다. 반드시 해당 지역의 건축 법규와 규제를 확인하고 준수해야 한다.

2차선이나 4차선 주변 토지라면 컨테이너로 창고 임대업을 고려해볼 수 있다. 컨테이너 창고를 빌려주는 사업을 하고 있는 지인의 말에 따르며, 컨테이너 1개당 매달 20만~30만 원 정도의 임대료가 들어온다고 한다. 10개면 200만~300만 원인 것이다. 임차인이 주거용으로 쓰는 게 아니라서 관리에 어려움도 거의 없다고 한다. 한번 계약을 하면 5년 정도 장기간 사용하기 때문에 공실 걱정도 덜하다. 만약 포장한 땅이 놀고 있다면 해볼 만한 사업이라고 생각한다. 주변에 공사 작업자들이 공구를 보관하거나, 골동품 등을 수집하는 취미를 가진 사람들이 이용할 수 있다. 아파트는 눈치도 보이고 공간도 부족해서 이런 곳을 찾는 수요가 부쩍 늘었다.

원룸 건물을
매수하고 임대하자

원룸 임대를
꿈꾼다면

최근 충북 진천군 덕산읍에 있는 원룸 건물 매수를 타진 중에 있다. 안정된 임대료 수익을 통해 편안하게 인생 2모작을 준비하고 싶었다. 사실 고정적으로 월 500만~600만 원의 현금흐름을 만드는 것이 어려운 일은 아니다. 약간의 투자금만 있으면 가능하다. 이를 통해 큰돈은 아니지만 자녀들이 살아갈 수 있는 기반을 만들어주고 싶다. 아이들이 경제적 자유를 얻을 수 있는 바탕을 만들어주고 싶다.

매수를 고민했던 충북 진천군 덕산읍의 원룸 건물

　사진 속 건물은 내가 매수를 고민했던 물건이다. 당시 매매가는 7억 4천만 원이었다. 보증금 1억 4천만 원, 대출 3억 원을 제하면 3억 원이 필요했다. 계산해보니 임대수익은 대략 이자와 관리비를 제하고 월 400만 원 정도다. 투자금 3억 원으로 연 6천만 원을 벌 수 있는 것이다.

　땅이 있다면 이런 건물을 직접 건축하는 방법도 있다. 원룸 건물의 건축 비용은 여러 요인에 따라 달라질 수 있다. 부지, 설계, 인허가, 건축 자재, 시공, 내부 인테리어 등을 고려해야 한다. 하나씩 살

　　　　　　　　　　　　　　K-반도체 벨트 토지를 사라

펴보자.

먼저 건축할 부지의 위치와 크기에 따라 가격이 크게 달라진다. 도시 중심부나 인기 있는 지역은 부지 비용이 높다. 위치에 따라 천차만별이지만, 도시 중심부는 평당 수백만 원에서 수천만 원에 달할 수 있다. 외곽 지역은 상대적으로 저렴하다. 설계 및 인허가 비용은 전체 건축 비용의 약 5~10% 정도로 잡을 수 있다. 인허가 비용은 지역에 따라 다르지만, 대략 수백만 원에서 1천만 원 정도다.

건축 자재의 경우 기본적인 자재를 사용할 경우 평당 약 500만 원에서 800만 원, 고급 자재를 사용할 경우 1천만 원 이상일 수 있다. 원룸의 경우 대략 20평이라고 가정하면, 기본 자재로 건축 시 약 1억 원에서 1억 6천만 원 정도가 소요된다. 인테리어 비용은 평당 약 100만 원에서 300만 원 정도로 예상할 수 있다. 20평 원룸의 경우 약 2천만 원에서 6천만 원 정도가 될 수 있다. 이 밖에 전기, 수도, 가스 등의 설치비와 조경 비용 등을 포함하면 추가로 약 수백만 원에서 1천만 원 정도가 필요할 수 있다.

이러한 요소들을 종합하면 원룸 건물 건축 시 대략 건평 150평이라면 10억~12억 원 정도가 들어간다. 기본적인 자재와 중급 수준의 인테리어를 적용할 경우 소요되는 예산이다. 경우에 따라 비용은 더 높아질 수 있다. 땅을 최대한 저렴하게 매입해야만 적정한 수익을 낼 수 있는 것이다. 큰돈이 들어가는 일이니 건축을 계획할 때는 정확한 비용 산정을 위해 전문가와 상담하고, 여러 업체의 견적을 비교하는 것이 좋다.

원룸을 임대할 때 가장 중요한 것은 건물의 입지다. 대학가, 직장 밀집 지역, 상업지구 등 임대 수요가 높은 지역은 공실 위험이 낮고 임대료도 상대적으로 높게 받을 수 있다. 입지에는 교통 편의성이 특히 큰 영향을 미친다. 대중교통을 이용하기 편리하거나 주요 도로와 가까운 곳이라면 출퇴근, 통학에 유리하다. 더불어 인근에 생활 편의시설이 풍부해야 하고, 치안이 좋은 동네라면 여성 임차인을 받기에 좋다.

원룸 건물 운영 시 제일 중요한 것은 수익률 문제다. 투자금액은 줄이고, 월수입은 최대한 늘려야 하는 게 투자의 묘미다. 전국이 동일할 수는 없지만 어느 지역이든 건축비가 같다고 가정하면, 결국 땅값이 저렴한 지역을 찾아야 한다. 그렇다고 무한정 싼 지역은 공실이 생기기 쉽기 때문에 월수입에 지장이 생길 수 있다.

일자리가 풍부하고, 인구가 늘고 있고, 땅값이 저렴하면서 수도권에 가까운 지역을 찾아야 한다. 개인적으로 충청북도 진천군과 음성군을 권한다. 중부고속도로를 타고 올라오면 2시간이면 서울에 올 수 있고, 경기도 안성과도 접하고 있다. 연식 10년 미만 건축물 중 매매금액 8억~10억 원 사이인 물건을 잡으면, 자기자본금 대비 수익률이 20%까지 나오기도 한다.

K-반도체 벨트 토지를 사라

물류창고를
건축하고 운영하자

용인시 처인구 백암면에서 물류창고를 운영하고 있는 지인이 있다. 2020년 8월에 준공한 층고 10.8m 창고동 2,303평과 근린생활시설 232평까지 총 2,735평이다. 평당 임대료가 3만 3천 원이어서 월세만 9천만 원에 달하고, 보증금은 5억 원이다. 이런 물류창고를 건축하려면 얼마의 돈이 들어갈까? 보유한 토지만 6,750평인데 저렴하게 사도 평당 100만 원으로 계산하면 67억 원에 달한다. 건축비를 50억 원으로 잡으면 총 117억 원이 들었다. 여타 수익형 부동산처럼 수익률을 감안해 매매가격을 계산해보자. 수입은 연간 10억 8천만 원이다. 수익률을 6%로 잡으면 '10억 8천만 원÷0.06'으로

용인시 처인구 백암면에 위치한 지인의 물류창고

계산해 180억 원이고, 4%로 잡으면 '10억 8천만 원÷0.04'로 계산
해 270억 원이다. 이 물류창고를 사려면 얼마를 줘야 할까? 각자의
상상에 맡기겠다.

　예시 사진은 용인시 처인구 백암면에 위치한 지인의 물류창고다.
규모가 있기에 오랜 시간 임대가 나가지 않다가 최근에 임대되었다.
이런 건물은 가격을 알기도 어렵고 임대도 쉽지 않다. 이런 대규모
창고를 지을 때는 주의할 점이 많다. 요즘은 인명 피해가 발생하면
건축주도 처벌을 받을 수 있다. 겁을 주려는 것이 아니라 현실을 이
야기하는 것이다.

　또 최근에는 경쟁이 많이 늘었다. 인터넷쇼핑이 유행하면서 지난

　　　　　　　　　　　　　　　　　K-반도체 벨트 토지를 사라

10년간 물류창고의 수요가 엄청나게 늘어났다. 반면 지가와 건축비, 인건비 문제로 공급은 원활하지 못했다. 그러는 동안 다국적 기업의 물류창고 임대업이 성업을 이뤘다. 대규모 자금을 움직이는 사모펀드들은 수도권 곳곳에 물류창고를 짓고 임대를 내줬다. 쿠팡과 같은 업체도 물류창고에 투자하거나 건축하기 시작했다.

물류창고는 지자체 입장에서는 크게 환영하지 않는다. 고용과 세수가 규모에 비해 적기 때문이다. 기존에는 물류창고가 용인 정도에만 분포했는데, 최근에는 안성까지 대단위 물류창고가 지어지고 있다. 일죽, 죽산에 쿠팡, ESR켄달스퀘어리츠가 물류창고를 운영하고 있다. 3~4년 전부터 주변 지역에 물류창고의 바람이 불고 지나갔다. 평당 50만 원이면 샀던 땅들이 70만~80만 원까지 올랐고, 최근에는 평당 200만 원을 호가하고 있다. 이제는 수익률 측면에서 경쟁력이 크게 줄었다.

물류창고 운영 시 주의사항

물류창고는 공실이 가장 큰 두려움이다. 한 번 공실이 생기면 1년은 그냥 지나간다. 예를 들어 3천 평 규모라면 평당 3만 원민 집아도 1년이면 10억 원이다. 1년간 공실이 생겼다는 것은 10억 원이란 기회비용을 잃은 것과 같다. 웬만한 자금력이 아니면 대출 이자를 감당하기 어려울 것이다. 이런 사실을 알고 손을 대야 한다.

물류창고 운영 시 신경 써야 할 부분들은 이렇다. 먼저 입지가 중요하다. 교통이 편리해야만 운송 효율성이 높아진다. 그리고 창고, 하역장, 사무실 등 각 시설의 동선을 최적화해 작업 효율을 극대화해야 한다. 돌발 상황 발생 시 신속히 대응할 수 있는 비상계획도 필요하다. 사전에 재해 복구 계획을 수립해서 운영의 연속성을 확보해야 한다.

물류창고는 적절히 운영될 경우 상당한 수익을 창출할 수 있는 사업이다. 다음은 투자 시 주의사항 5가지다.

1. 입지

주요 도로, 항구, 공항 등과의 접근성이 뛰어난지 확인해야 한다. 지역 내 물류 수요와 공급망 현황을 철저히 분석하고 좋은 입지를 선정한다면 공실 리스크를 줄일 수 있다.

2. 재무 계획

토지 구매, 시설 건설, 장비 도입 등 초기에 투입되는 비용을 정확히 산정하고, 과도한 비용 초과를 방지하기 위한 계획을 세워야 한다. 인건비, 유지보수 비용과 같은 운영 비용도 현실적으로 추정해야 한다.

3. 규제 확인

물류창고 건설 및 운영에 필요한 법적 절차와 규제를 사전에 확인한다. 환경 보호와 관련된 규제를 준수하고, 친환경 운영 방안을 마련해야 한다.

4. 기술 및 인프라

최신 물류 관리 시스템, 자동화 설비, 데이터 분석 도구 등을 도입해 운영 효율성을 높여야 한다. 향후 기술 발전에 대비해 인프라 확장 가능성도 염두에 둬야 한다.

5. 경쟁자 분석

인근 지역 경쟁 물류창고를 분석해 차별화 전략을 마련해야 한다. 경쟁 물류창고의 강점과 약점을 분석하고, 자사의 강점을 극대화할 방법을 찾아야 한다.

다음은 〈한국경제〉 2024년 6월 25일 기사다.

컬리가 주문 상품을 1시간 안에 배송하는 '컬리나우' 서비스를 25일 서울 서대문구와 마포구, 은평구에서 시작했다. 컬리의 성장 기반인 강남권을 넘어 강북권으로 영향력을 확대하고, 초기 단계인 퀵커머스 시장을 잡아 상장 전 기업가치를 높이겠다는 전략이다. 쿠팡, 이마트 등 대기업도 철회한 퀵커머스 시장에서 컬리가 승부수를 던졌다는 평가가 나온다.

퀵커머스 경쟁이 심화되면서 물류창고 시장도 지각 변동이 일고 있다. 장기적으로 보면 유효한 투자처인 것은 맞지만 현 시장에서는 조금 위험해 보인다. 최근에 물류창고 부지들이 매물로 많이 나오고 있다. 안성의 미양면과 서운면, 천안의 입장면에서 1만~5만 평 정도의 물류창고 건설을 허가받은 토지들이 시장에 나오고 있다. 허가받은 토지의 평당가는 100만~200만 원 정도다. 좋은 시기에는 바로 소화가 됐지만 현재는 6개월~1년 정도 거래가 안 되고 있다.

K-반도체 벨트 토지를 사라

법인으로
농지 투자하기

법인을
만드는 이유

법인을 만드는 이유는 무엇일까? 가장 큰 이유는 자금 조달이 용이하기 때문이다. 법인 형태로 전환하면 금융기관에서의 신뢰도가 높아져 자금 조달이 용이해지고, 다양한 투자 유치가 가능하다. 또 법인 형태의 농업 사업체는 개인에 비해 정부의 각종 보조금과 지원금, 세제 혜택을 받을 가능성이 높다. 위험 분산의 역할도 있다. 법인을 설립하면 개인 자산과 사업 자산을 분리할 수 있어 사업에 실패

| 법인세율 |

과세표준	2023년 귀속 (2024년 신고분)	누진공제
2억 원 이하	9%	-
2억 원 초과~200억 원 이하	19%	2천만 원
200억 원 초과~3천억 원 이하	21%	4억 2천만 원
3천억 원 초과	24%	94억 2천만 원

하더라도 개인 자산을 보호할 수 있다.

농업회사법인과 영농조합법인은 각각의 특성과 목적이 다르다. 먼저 농업회사법인은 농업을 주된 사업으로 하는 법인으로 농업 생산 및 관련 사업을 통해 수익을 추구한다. 주식회사, 유한회사, 합자회사 등 다양한 형태로 설립할 수 있다. 조합원 없이 법인 형태로 운영되며, 출자자(주주)와 경영진이 분리될 수 있다. 농업 생산뿐만 아니라 농산물 가공, 유통, 수출 등 다양한 사업을 포함할 수 있다. 법인세를 납부하며, 상법 및 법인세법에 따라 운영된다. 농업인 1인이 필요하다.

영농조합법인은 농업인들이 협력해 농업을 효율적으로 운영하고 농산물의 공동 생산, 가공, 유통 등을 통해 이익을 추구하는 법인이다. 조합원의 협동에 의해 운영되는 조합 형태로, 주로 '조합원' 중심의 협동조합 형태로 설립된다. 농업인 또는 농업에 종사하는 사람이 조합원이 되며, 공동으로 운영하고 이익을 나누는 형태다. 영농조합법인도 법인세를 납부하지만, 조합원에게는 배당이 아닌 이익 분배 형태로 지급되며, 조합원은 개인 소득세를 납부한다. 농업인 5인 이상이 발기인으로 필요하다.

최근에 법인을 만들어서 농취증 규제를 피하고 혜택을 받는 경우가 늘고 있다. 진천에 있는 한 농업회사법인은 토지를 저렴하게 매수해서 태양광 패널을 설치했는데, 9천 평에 80억 원을 들여서 매월 8천만 원을 받고 있다. 태양관 패널 아래로는 채소를 기르고 있다. 단순하게 농사만 짓는다고 생각하지만 많은 사업의 기회가 숨어 있는 것이 법인이다. 진천에 위치한 해당 법인은 현재 데이터센터를 유치하기 위해 한전에 필요한 전기를 신청해둔 상황이다. 데이터센터 설립 허가가 나오면 보유한 토지의 가격은 더 올라갈 것이다.

농업회사법인이
왜 유리한가?

농업회사법인의 농지 투자 성과가 좋은 이유는 무엇일까? 이유는 여러 가지가 있다.

1. 전문성과 기술력

농업회사법인은 농업 관련 전문 지식과 기술을 보유하고 있다. 이러한 전문성은 농지의 효율적 활용과 생산성 극대화를 가능하게 해 성공 확률을 높인다.

2. 규모의 경제

농업회사법인은 대규모로 농업을 운영할 수 있기 때문에 비용 절감과 생산성 향상의 효과를 볼 수 있다. 대량 구매, 기계화, 인력 배치 등 여러 면이 효율적으로 이뤄질 수 있다.

3. 정부 지원 및 혜택

농업회사법인은 종종 정부의 다양한 지원과 혜택을 받을 수 있다. 보조금, 세제 혜택, 농업 관련 정책 지원 등이 가능하다.

4. 리스크 관리

농업회사법인은 다양한 형태의 리스크 관리 전략을 통해 농지 투자에 따르는 위험을 최소화할 수 있다. 농사에만 의존하는 것이 아니라 보험, 금융상품, 컨설팅 서비스 등을 활용해 안정적인 운영이 가능하다.

5. 시장 접근성

농업회사법인은 조직적인 네트워크와 마케팅 채널을 보유하고 있어 생산된 농산물을 효과적으로 시장에 내놓을 수 있다. 이는 농산물의 판매 촉진과 수익 극대화에 기여한다.

안성에 있는 모 냉동업체 대표는 수시로 냉동창고를 지을 땅을 찾고 있다. 현재 3천 평의 냉동창고를 운영하고 있는데 더 큰 곳으로 이전하려는 계획을 가지고 있다. 연매출이 1천억 원 이상이라고 한다. 이곳에서 다루는 냉동채소들은 동남아시아와 중국으로 수출된다. 대표는 냉동창고를 운영하면서 토지 투자도 병행하고 있다. 이전에 산 보개면 5천 평 토지는 평당 50만원에 매수해서 현재 평당 200만 원에 달하고 있다. 냉동창고를 운영해 사업으로 매출을 올리는 한편, 사업에서 발생한 수익으로 토지를 사서 돈을 효과적으로 굴리고 있다. 이처럼 농업회사법인은 투자에도 적극적이다.

안성에서 농업회사법인을 운영하는 지인은 최근 토지를 80만 평이나 샀다고 자랑을 했다. 지인의 투자 방식은 법인으로 토지를 매수할 때 지역농협과의 친분을 최대한 활용하는 것이다. 아무래도 농협은 농민이나 농업회사법인이 토지를 살 때 대출을 잘해주는 특성이 있다. 그래서 적은 자본으로도 비교적 넓은 면적의 토지를 매입할 수 있다.

기회가 된다면 2차선 주변 농업진흥구역의 토지를 매수해서 묘목 사업을 하고 싶다. 묘목을 키워서 팔아 수익을 올릴 수 있고, 사업을 하는 동안 지가가 상승해 더 큰 수익을 기대할 수 있다. 만약 도로가 확장되면 보상금을 받을 수도 있다. 내가 아는 지인도 안성에서 2차선 주변에 농업회사법인으로 묘목 사업을 하면서 돈을 벌었다. 내가 토지를 중개해줬는데 3년 만에 2배의 수익을 올렸다. 농업회사법인이니 양도세도 많이 내지 않았을 것이다.

집이 도시에 있어 주소지를 마음대로 옮길 수 없다면 농업회사법인으로 투자하는 것이 좋다. 최근에 농업회사법인으로부터 땅을 매각하고 싶다는 연락이 제법 온다. 이들은 농업이 아닌 처음부터 토지 투자가 주목적이었을 것이다.

내 주변에도 기업형 영농을 하고 있는 농부들이 꽤 있다. 각 지자체마다 특화된 영농이 자리 잡고 있다. 보성의 녹차, 하동의 대봉감·녹차, 상주의 곶감, 장호원의 복숭아, 나주의 배, 영주의 사과, 충주의 사과, 영동의 곶감, 안성의 포도·배 등이다. 이런 특화한 작물을 키우기 위해 토지를 구입하는 사람도 꽤 많다. 내가 아는 지인은 안성에 배 과수원을 사서 체험형 카페를 운영하고 있다. 아이들에게 배에 이름표를 붙이게 하고 수확 때까지 가끔 와서 자라는 과정을 보여준다. 체험한 부모와 아이가 사진을 찍고 SNS에 올리면서 입소문 마케팅이 되고 있다.

K-반도체 벨트 토지를 사라

임야를 사서 장뇌삼, 산양삼과 같은 약초를 키우고 판매하거나 관련 음식점을 운영해서 소득을 올리는 경우도 있다. 최근에는 염소 영양탕이 인기가 높아지면서 임야에 염소를 키우려는 수요가 늘고 있다. 일회성 유행이 아니라면 앞으로 저렴한 임야의 인기가 높아질 것이다.

개발지
투자 노하우

산업단지 내
토지를 매수하려면

어쩌다 부동산 개발사업을 하는 특수목적법인(SPC)에서 토지를 매수하는 일을 한 적이 있다. 『쉽게 익히는 부동산 개발사업』이란 책을 읽고 이쪽 일에 관심을 갖게 되었다. 공인중개사가 개발사업의 디테일한 부분까지 알기는 어렵지만 귀한 기회를 얻은 덕분에 많은 공부를 했다.

개발사업을 하는 사람들은 먼저 개발이 가능한 토지를 찾는다.

K-반도체 벨트 토지를 사라

개발이 가능한 땅이란 판단이 서면 토지주들에게 개발을 권한다. 토지를 소유하거나 허가 신청을 넣으려면 몇 가지 요건을 만족해야 한다. 개발 범위가 정해지면 해당 필지의 목록을 뽑아서 토지주들과 접촉한다. 산업단지로 개발하면 많은 이익이 돌아간다는 달콤한 이야기를 한다. 하지만 실제 속내는 조금 다르다. 싸게 많은 토지를 확보하는 것이 관건이다. 분양성을 검증하고 평당 얼마를 줘야 하는지도 내부적으로 정해두고 토지주와 만난다. 어찌 보면 개발사업 부지 내 토지주들은 많은 돈을 버는 것이 아닐 수도 있다. 산업단지는 분양가가 정해져 있어 많은 돈은 지불할 수 없기 때문이다.

사실 산업단지는 지자체에서 정하는 수익률이 있어서 마음대로 이익을 가져가기도 어렵다. 그런데 왜 이런 험난한 일을 하는지 의문이다. 공공적인 성격이 강한 사업을 개인이 한다니 아이러니하다. 물론 그런 정보를 가지고 미리 주변의 땅을 저렴하게 매수해서 개별적으로 매각하거나, 매수한 토지에 택지 개발을 해서 돈을 벌 수는 있겠지만 산업단지 사업으로는 많은 수익이 나지는 않는다. 잘못하면 땅도 날리고 기회비용만 날릴 수 있다.

개발지 주변은 수용되느냐, 되지 않느냐에 따라 투자의 방향이 달라진다. 수용이 기대되는 곳에 투자해 고시·공람 전에 건축물을 지어서 사업자를 내고 매출을 올리는 투자자도 있다. 폐업이나 사업 이전에 따른 영업보상이 그 목적이다. 수용되는 사업지에서 돈을 벌어본 경험이 있는 사람들이 주로 이런 일을 한다. 나도 비슷한 작업을 실행하려다가 어느 부분에서 이해관계가 맞지 않아서 포기한 적이 있다. 이런 작업을 컨설팅하는 사람들과 자주 만나다 보니, 수용에 따른 보상을 기대하고 땅에 투자하는 사람들을 여럿 알고 있다.

산업단지 내 토지 매수는 다음과 같은 과정을 거친다.

1. 시장조사

먼저 산업단지 내의 토지 시장을 조사한다. 해당 지역의 토지 가격, 용도, 규제 및 제한사항, 주변 시설 등을 분석해 투자의 적절성을 판단한다.

2. 목표 설정

투자 목표를 설정한다. 사전에 수익 목표를 설정한다.

3. 재정 마련

필요한 재정을 준비한다. 자금을 투입할 때는 토지 가격뿐만 아니라 부대비용까지 함께 고려한다.

4. 매매계약 체결

토지 매매계약을 체결한다. 계약서에는 매매 조건, 가격, 지불 일정, 소유권 이전일 등이 명시되어야 한다. 토지의 법적 상태, 환경 검토, 규제 사항 등을 확인하고 합의가 필요한 부분은 합의를 한다. 합의된 조건에 따라 토지 매매를 진행하거나 조건부 합의를 통해 추가 협상을 진행한다.

5. 토지 소유권 이전 및 지불

필요한 검토 및 조건부 합의가 완료되면 토지 소유권을 이전하고, 약정된 지불 일정에 따라 대금을 지불한다.

6. 토지 개발 또는 활용

토지를 개발하거나 활용해 투자 목표에 맞는 프로젝트를 추진한다. 이후 토지를 잘 관리하고 유지해 수익을 극대화한다. 산업단지 내의 토지는 적절한 유지와 관리가 필요하며, 필요한 경우 임대 또는 판매를 통해 수익을 창출할 수 있다.

위의 과정을 준수하면 산업단지 내 토지 매수 작업을 효과적으로 진행할 수 있다. 필요한 경우 전문가의 도움을 받아 투자의 적합성과 성공 가능성을 평가하는 것이 중요하다. 전문가의 도움을 받아야 리스크를 줄일 수 있다.

수용되는 토지,
보상을 많이 받으려면

토지 수용 보상금을 많이 받고 싶어도 막상 방법을 몰라 막막할 것이다. 그래서 이런 일을 전문적으로 하는 변호사도 있다. 『공익사업 토지수용보상금 아는 만큼 더 받는다』라는 책이 있는데, 토지 수용 관련 일을 전문으로 하는 법무법인에서 만든 책이다. 세상은 아는 만큼 보이는 법이다.

본인의 땅이 수용지에 포함이 되었다면 공부를 해서 최대한 많은 보상을 받아야 한다. 가만히 주는 것만 받는 것은 미덕이 아니다. 강의를 듣거나, 전문가를 만나거나, 컨설팅을 받아서 내 재산의 가치를 올려야 한다. 보상을 최대화하기 위해서는 협상 전략이 필요하다.

1. 토지의 잠재가치 강조하기

토지가 가진 잠재가치를 강조하는 방향으로 협상을 진행한다. 토지의 용도 변화 가능성, 인접한 구역 발전 계획, 교통 편의성 등을 강조해 토지의 가치를 높이는 데 초점을 둬야 한다.

2. 지역 시장 동향과 비교 자료 제시하기

지역 시장 동향과 비교 자료를 제시해 토지의 시장 가치를 입증

K-반도체 벨트 토지를 사라

한다. 유사한 지역의 토지 거래내역이나 인근 토지의 매매가격을 참고할 수 있다.

3. 전문가 의견 활용하기

감정평가사나 변호사 등 전문가의 의견을 활용해 보상을 높이는 데 도움을 받는다. 전문가의 의견을 토대로 토지의 가치를 정확히 평가하고, 이를 기반으로 협상을 진행한다.

4. 다자간 협력 강화하기

산업단지 개발사나 지방 정부, 관련 단체와의 협력을 강화해 보상을 높이는 데 힘을 모은다. 다양한 이해관계자와의 협력을 통해 토지 보상에 대한 협상력을 강화하고, 상호 이익을 극대화할 수 있다.

2019년 용인반도체클러스터 내에서 공인중개사무소를 운영하던 모 대표의 경우 영업보상 6천만 원, 주거보상 3천만 원, 생활대책용지 8평(당시 시세 3천만 원)을 받았다. 사전에 사업자를 내고 최대한 많은 매출을 올리기 위해 노력했다. 지인의 말에 따르면 영업보상 기준은 폐업 시 월수입의 20개월치, 이전 시 4개월치에 달했다.

이동식주택 투자로
땅의 가치를 올리다

　　오랜 시간 이동식주택을 활용한 투자에 대해 고민했었는데 우연히 좋은 기회가 찾아왔다. C대표는 괴산 토지를 저렴한 가격에 경매로 낙찰을 받았는데 해당 땅에 무엇을 할지 고민이라고 했다. 요즘은 비싼 전원주택보다는 1억~2억 원에 지을 수 있는 이동식주택이 세컨하우스로 떠오르고 있다. 나는 이동식주택으로 세컨하우스를 만들어보라고 제안했고, C대표는 이쪽 업계에서 유명한 모 대기업과 계약을 하려고 준비를 했다. 그러다 일이 뜻대로 되지 않아서 새롭게 찾은 업체와 논의 중이라며, 나보고 같이 해당 업체 대표를 만나러 가자고 했다. 하지만 거절했다. 혹시나 싶어 확인해보니 자기 땅이라고 한 토지는 토지대장에 모르는 사람의 이름이 올라와 있었다. 신뢰할 만한 상대가 아니라고 판단해 C대표와는 더 이상을 연락을 하지 않았다.

현장에서 일하다 보면 거짓말이나 사기를 치는 사람을 많이 만난다. 그동안 내가 사기를 당하지 않은 이유는 소위 '꾼'을 구별할 수 있는 안목이 있었기 때문이다. 그런 안목이 없었다면 사기를 당했을지도 모른다. 어쨌든 그래도 이동식주택이 꽤 유망한 것 같아 다른 토지주와 관련 업체 미팅을 다녔다. 몇 군데와 접촉을 하다 보니 한 업체가 적극적으로 나섰다. 자신들이 주택을 지어줄 테니 분양을 해보자는 이야기였다. 토지주와 투자자, 해당 업체 대표와 함께 식사를 하고 진행해보기로 의기투합했다.

이런 식으로 아이디어만 있다면 큰돈을 들이지 않고 아이디어를 실현시킬 수 있다. 큰돈이 있어야만 투자가 가능하다고 생각하는데 그렇지 않다. 돈보다 중요한 것은 행동하고 노력하는 진취적인 자세다. 만약 C대표와의 일을 안 좋게만 생각하고 아무런 행동을 취하지 않았다면 지금과 같은 결과는 얻지 못했을 것이다.

나는 돈 한 푼 들이지 않고 분양사업을 추진해 수수료를 받게 되었다. 토지주는 지금처럼 땅을 팔기 어려운 시기에 주택을 지어 땅의 가치가 오르니 좋고, 건물을 짓는 대표는 고정적인 매출이 발생해서 좋고, 건물에 돈을 댄 투자자는 분양 때마다 수수료를 받아서

네이버에서 '이동식주택'을 검색한 화면

이익이 된다. 모두에게 이익이 생기니 움직이지 않을 수 없다. 이런 아이디어가 있다면 먼저 행동하는 사람이 승자다.

　네이버에서 '이동식주택'을 검색해보면 보는 바와 같이 다양한 이동식주택이 있음을 알 수 있다. 외관도 다양하고 가격도 천차만별이다. 이런 주택들을 활용해서 적은 자금으로 건축을 해볼 수 있다. 2차선 주변 땅이라면 이동식주택으로 상가를 짓는 것도 한 방법이다. 수용 가능성이 있는 땅을 사서 이동식주택을 설치하고 보상을 받고 다른 곳으로 이동하는 것도 한 방법이다. 도시 아파트에서 거주한다면 짐을 보관할 장소로 이동식주택을 이용할 수도 있다. 돈도 벌고 거주할 세컨하우스도 마련하는 일석이조의 효과를 노릴 수 있다.

이동식주택의
건축 과정

이동식주택이라고 다른 건축물과 크게 다르지는 않다. 먼저 이동식주택을 지을 장소, 즉 땅을 구입해야 한다. 농업진흥구역의 전, 답, 과수원만 제외한다면 거의 대부분의 임야나 농지에서 건축이 가능하다. 계획관리지역은 건폐율이 40%이므로 50평의 땅만 있어도 바닥면적 20평짜리 건축물을 지을 수 있다.

예시 설계도는 업체 대표가 보낸 것이다. 나는 내가 거주할 곳이라는 생각보다는 다른 사람들의 관점에서 무난하고 보편적인 건물을 원했다. 방 2개, 화장실, 거실, 부엌, 다용도실, 다락방이 있는데

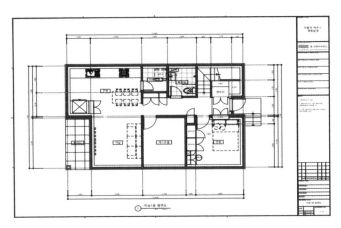

이동식주택의 설계도

특히 다락방이 마음에 들었다. 발코니가 좁았지만 나중에 필요하면 확장하는 쪽으로 의견을 모았다.

일은 일사천리로 진행되었다. 이미 토지는 개발행위허가를 받았고 필요한 시설(전기, 상수도, 하수도 배관, 통신)도 마련되어 있었다. 허가받고, 착공계 내고, 기초공사를 하고, 건물을 올리면 끝나는 작업이다. 필요 이상의 참견을 할 일도, 부딪칠 일도 없다. 건물을 짓다가 10년을 늙는다는 말은 이제는 옛말이다. 이렇게 지으면 100채든 1천 채든 주문이 오는 대로 지을 수 있다.

농촌 생활인구 유입 확대를 위한 방안으로 2025년부터 농촌체류형 쉼터가 도입된다. 농지라면 체류형 쉼터를 신고만으로 설치 가능하게 법이 바뀐다고 한다. 이동식주택을 제조하는 업체들이 발 빠르게 준비하고 있다. 부동산 시장도 꿈틀거린다. 이런 타이밍에 어떻게 투자할 것인지 고민해봐야 한다.

이동식주택을 이용해서 돈을 벌기 위해서는 시장조사와 잠재적인 수요를 분석하는 것이 중요하다. 또한 법적인 제약 사항이나 지역 규제를 준수하는 것도 필수적이다. 다시 한번 느끼지만 가장 중요한 것은 실행력이다. 운도 행동하는 자에게 찾아온다. 무엇이든 행동으로 옮기지 않으면 아무것도 얻을 수 없다. 얼마 전에 용인시 처인구 이동읍 송전저수지 주변 땅을 산 사람과 만났다. 처음에는 호수가 보이는 곳에 카페를 하려고 땅을 샀다고 한다. 그런데 지금

K-반도체 벨트 토지를 사라

은 용인 첨단시스템반도체 국가산업단지가 들어서며 부르는 게 값이 되었다고 한다. 참 부럽다. 미래를 알고 투자한 것은 아니지만 행동력이 운을 만든 대표적인 사례다.

현재 어머니가 살고 계신 집은 앞에 냇가가 흐르는 경치가 좋은 곳이다. 이런 경치 좋은 곳에 이동식주택을 지어놓고 '한 달 살이'를 콘셉트로 임대사업을 해보고 싶다. 어머니 집 주변에 실제로 농가주택을 리모델링해서 임대사업을 하는 젊은이가 있다. 이동식주택으로 펜션 사업을 하는 것도 한 방법이다. 아이디어는 무궁무진하다. 가만히 있으면 누가 밥을 떠먹여주겠는가? 실패를 하더라도 해보고 안 된다고 하자. 그것이 성공의 비결이다.

토지에 펜션과 같은
임대용 주택을 짓는다면

　박인호 저자의『전원생활도 재테크다』라는 책이 있다. 저자는 서울에서 22년간 경제전문기자로 활동하다가 인생 2막을 위해 산골로 들어가 전원생활을 시작했다. 책을 보면 전원주택 한 채를 짓기 위해 많은 절차와 비용이 들어감을 알 수 있다. 예를 들어 위치에 따라 문화재 형상변경허가를 받아야 할 수도 있다. 무슨 전원주택 한 채를 건축하는데 문화재 발굴 얘기가 나오는지 이해할 수 없지만 하라면 해야 한다. 건축은 내가 필요해서 하는 것이지 공무원이 필요해서 하는 것이 아니다. 절차대로 하지 않아서 생기는 불편은 오롯이 내가 감수해야 하니 챙길 건 챙기는 꼼꼼함이 필요하다.

　　　　　　　　　　　　　K-반도체 벨트 토지를 사라

책에는 건축 시 드는 비용이 상세히 소개되어 있는데, 지금은 원자재 가격 상승으로 이 책보다 30% 이상 더 들어간다고 보면 된다. 건축비를 평당으로 계산하는 것은 편의상 그런 것이지 실제 현장에서는 평당으로 계산하기 어렵다. 건축비 외에도 진입로 폭을 확대해야 하거나, 추가로 토지 사용 승낙비가 들거나, 오폐수 하수도 배관이 없다면 공사까지 해야 한다. 이쯤 되면 배보다 배꼽이 크다는 그런 생각이 든다.

또 개발행위허가를 받아야 할 수도 있다. 그건 개인이 할 수 없고 대행하는 설계사무소를 거쳐야 한다. 이 과정에서도 당연히 비용이 발생한다. 코에 걸면 코걸이 귀에 걸면 귀걸이다. 측량도 여러 측량이 있다. 분할측량, 경계측량, 건물현황측량이 그것이다. 결국은 측량사무소나 한국국토정보공사에 맡길 일이니 그냥 그런 게 있다는 정도만 알면 된다.

건축비를
잘 따져보자

가까이 지내는 공인중개사무소 사장님은 이렇게 자주 투덜거린다. 평당 건축비가 처음 예산보다 많이 나왔다고 말이다. 원룸 건물을 처음에는 평당 550만 원으로 계약했는데, 준공 때 계산해보니 평당 850만 원이 들었다고 욕을 한다. 그런데 최근에 그 시공사와 다시 상가를 짓고 있다. 믿을 만한 건축업자가 없다고 늘 불평하면서 말이다. 건축비는 이처럼 변수가 많은 영역이다. 내 고객 중 한 분은 남양주 토지에 원룸 건물을 지었는데, 건축업자가 일을 아주 잘해줘서 별 탈 없이 준공되었고 임대도 공실 없이 나간다며 만족했다. 수억 원이 넘는 돈을 투자하는 입장이니 불만은 있을 수 있다. 또 기성품이 아니라 새로운 것을 건축하는 것이기 때문에 상황에 따라 건축물의 품질도 달라질 수 있다.

건축을 했던 저자들의 책을 읽어보면 늘 분쟁과 소송에 시달린다는 이야기를 한다. 원만히 해결되는 경우도 있지만 일이 커져 두고두고 발목을 잡는 경우도 있다. 나는 직업 특성상 건축 공사 현장을 자주 보곤 한다. 보통 짧아도 6개월, 길면 2년 이상 이어지는 작업이다. 그 안에서 다양한 일이 벌어질 수밖에 없다.

『제가 살고 싶은 집은』이라는 책을 보면서 경제적 가치로만 집을 따지던 내 태도가 조금 부끄러워졌다. 이일훈 건축가는 "집을 지으며 집 짓는 기술이나 방법을 먼저 택하는 게 아니라 살기의 방식을 먼저 물어야 한다"라고 말한다. 어떻게 짓는가보다 어떻게 사는가를 먼저 묻는 게 그가 생각하는 '건축'이다. 건축 후에 비싸게 매도하는 일만 생각하는 입장에서는 사치처럼 들릴 수 있다. 내 의사를 오롯

K-반도체 벨트 토지를 사라

이 반영해서 자연친화적인 재료와 튼튼한 내구성을 지닌 재료를 동원해서 비싼 값에 집을 짓는다면 과연 만족하며 살 수 있을까? 경험해보지 않아서 모르겠다.

재료가 저렴한 경량철골조와 노출콘크리트가 어느 정도 차이가 있는지도 모르는 문외한인 내게는 조금 어려운 이야기다. 내가 산 고향 주택은 처음에는 황토벽이었고, 이후 나무기둥을 주춧돌에 세우고 벽돌을 쌓고 시멘트를 바른 그런 건물이었다. 이런 건물은 틈새로 바람이 많이 들어와 여름에는 덥고, 겨울에는 추웠다. 그곳에 살 때는 몰랐는데 밀폐된 도시의 아파트는 확연히 달랐다.

사실 대부분의 일반인은 건축에 대해 깊이 고민할 필요는 없다. 전문가가 아니라면 평생 집 한 채 직접 지어볼 기회가 없을 것이다. 나도 그렇다. 다른 사람이 짓는 집을 구경하고 분석하고 공부했을 뿐이다. 그래서 요즘도 고민이다. 매매를 위해 싸고 효율적으로 지은 집과 내가 거주할 나만의 맞춤형 집 사이에서 갈팡질팡한다.

40년 전 고향에 부모님이 지으신 집은 아직도 건재하다. 내 기억으로는 20평대의 집을 5천만 원 정도의 건축비로 지은 기억이 난다. 목수와 미장장이, 그리고 부모님과 나의 노동력으로 지은 집이었다. 40년 전 물가를 생각하면 비싼 값을 치른 것이다. 그 이유는 좋은 나무를 많이 써서 그렇다. 그냥 일반적인 양옥집과 같이 콘크리트로 사방을 채웠다면 훨씬 저렴했을 것이다.

건축비는 항상 고민이다. 예를 들어 2억 원의 건축비를 들여서 30평대 단독주택을 평당 666만 원에 짓는다면 어떨까? 40년을 쓸 집이라고 가정하면 1년에 500만 원을 낸 셈이다. 월로 나누면 41만 6천 원이다. 이렇게 따지면 건축비가 그렇게 비싼 것은 아니다. 물론 초기에 목돈을 들여야 하니 이자를 고민하지 않을 수 없다.

건축을 고려한다면 경제적인 부분만큼 효율성도 따져야 하고, 거주자 입장에서 만족도도 따져야 한다. 좀 더 멀리 본다면 되팔고 다시 도시로 가는 것도 고려해야 한다. 오롯이 투자가 목적이라면 철저히 수익성을 분석해봐야 한다. 자신의 노동력과 정신적인 스트레스도 따져서 좀 더 효율적인 방법으로 지어야 한다.

부동산 투자의 꽃은 개발이다. 수백억 원, 수천억 원을 들여야만 개발이 아니다. 1억 원짜리 사업도 사업이고, 10억 원짜리 사업도 사업이고, 100억 원짜리 사업도 사업이다. 금액의 차이만 있을 뿐이다. 결국은 해야 할 것은 다 해야 한다. 1억 원짜리 사업이라고 설계를 부실하게 하면 결과물도 부실하다. 1천억 원짜리 사업이라고 엄청나게 다르지 않다. 결국은 사람의 머리로, 펜과 종이로, 컴퓨터로 계산하는 일이다.

최근에 건설업계는 PF대출 문제로 시끄럽다. 자기자본을 거의 들이지 않고 대출로만 사업을 실행해서 분양받은 이들의 돈으로 공사대금을 지불하는 일은, 봉이 김선달의 대동강 강물 팔기 사업과

K-반도체 벨트 토지를 사라

같다. 한 번만 성공하면 평생을 떵떵거리고 살 수 있다. 그러니 불나방처럼 노하우 없이 도전하려고 달려든다. 그 결과 금융이 부실화되고, 나라 경제를 좀먹고, 서민 경제를 피폐하게 만든다.

작은 건축도 레버리지를 많이 일으키면 개인파산에 이를 수 있다. 대출을 일으켜서 매도하고 갚는 조건부 건축의 리스크는 오롯이 건축주가 진다. 그렇게 지은 신도시의 많은 상가, 오피스텔, 지식산업센터를 보라. 시한폭탄처럼 우리 경제를 좀먹고 있다. 처음 건축을 하려면 생각한 금액보다 30%는 더 들어갈 각오를 해야 한다. 막연히 어떻게든 되겠지라는 무대뽀 정신은 리스크가 크다. 늘 경계하고 살피며 해야 하는 것이 투자다.

이런 글을 쓰다 보니 꿈이 생겼다. 나도 언젠가는 나만의 건물을 짓고 싶다. 좋은 건물을 한 채 지어서 또 한 권의 책을 쓰고 싶다. 용인이나 안성쯤, 호수를 끼고 물안개가 피어오르는 경치 좋은 곳에 위치한 따뜻한 땅을 사고 싶다. 이 일을 하며 그런 땅을 자주 살피고 있다. 지금도 몇 개의 땅을 사고팔고 계약을 이어가고 있다. 아직은 꿈을 이루기에는 미미한 수준이다. 내가 사고 싶은 것, 가지고 싶은 것, 누리고 싶은 것을 누리며 살고 싶다. 그 일을 하려면 이 책을 읽는 여러분이 토지 투자로 돈을 많이 벌어야 하고, 나도 그랬으면 좋겠다.

김주창 저자의 『꼬마빌딩 건축 실전 교과서』를 보면 건축은 돈만 문제인 게 아닌 것 같다. 저자는 시공사가 건축을 할 때 건축주가 옆에서 지키고 있어야 한다고 조언한다. 그럼 올바른 건축물이 제대로 나올까? 이론은 그렇지만 실제로 그렇게 하면 좋아할 시공사는 아무도 없을 것이다. 회사에서 일을 하는데 거래처 사장 혹은 투자자가 자리까지 찾아와서 일일이 지적한다면 의욕이 생기겠는가? 시간적으로도 한계가 분명해 보인다.

건축주는 좋은 설계사무소와 계약하고, 대화가 잘되고 믿을 수 있는 시공사와 적절한 가격에 계약을 맺고, 가끔 현장에 방문해서 간식을 주면서 잘해달라고 부탁하고 격려하면 그만이다. 내가 선택해서 지은 건물이니 무조건 하자는 절대 있어서는 안 되고, 무조건 저렴한 가격으로 좋고 멋진 건물을 짓겠다는 생각을 하면 일이 틀어질 수 있다. 건축도 결국은 사람이 하는 일이다.

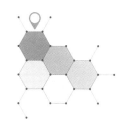

공장을 건축해서
수익을 내는 방법

왜 공장
투자인가?

공인중개사는 최전선에서 고객의 목소리를 듣는다. 최근 용인이 K-반도체 벨트의 한 축으로 떠오르며 공장 부지를 찾는 사람들로 붐비고 있다. 제비 한 마리 날아왔다고 봄이 오는 것은 아니지만 그래도 제비는 날아와야 한다. 현장에서 매물을 찾는 사람들이 늘어나면 이제 신호가 온 것이다.

공장하기에 가장 좋은 땅은 가격이 저렴한 땅이다. 그다음 따져야 할 것이 계획관리지역인지, 폭 6m 이상 도로를 접하고 있는지 여부다. 입지는 수도권 주변이어야 하며, 용인이나 화성 등 대규모 공장이 있는 지역 주변이 좋다. 예를 들어 평당 100만 원이고, 계획관리지역이고, 4차선에 접했고, 평지이고, 화성·용인·평택·안성 주변이라면 분명 앞으로 많이 오를 것이다. 점점 이런 땅은 찾기 어려워진다.

공장이나 창고를 건축할 때 신경 써야 할 부분은 다음의 10가지다.

1. 위치 선정

생산 효율성을 높이기 위해 용이한 접근성과 물류적 편의성을 고려해 위치를 선정한다.

2. 건축 설계

기능성과 안전을 고려한 설계를 수립한다. 생산 공정에 따라 적절한 구조물과 공간 배치를 고려해야 한다.

3. 기술적 설비

최신 기술을 활용한 생산설비와 자동화 시스템을 도입해 생산성과 효율성을 높인다.

K-반도체 벨트 토지를 사라

4. 환경 친화적 설계

지속 가능한 건축 재료와 에너지 효율성을 고려해 환경에 더 나은 영향을 줄 수 있는 설계를 한다.

5. 안전성 강화

안전 규제를 준수하고, 화재 및 기타 잠재적 위험을 예방할 수 있는 방법을 채택한다.

6. 효율적인 공간 활용

생산라인의 효율성을 고려해 공간을 최대한 활용한다. 작업자의 이동 경로와 재고 관리를 고려해야 한다.

7. 소음 및 진동 관리

생산 과정에서 발생하는 소음과 진동을 제어해 작업자의 건강과 생산성을 유지한다.

8. 유지보수 계획

설비와 시설의 장기적인 유지보수 계획을 수립해 생산 중단을 최소화하고 장기적인 비용을 절감한다.

9. 품질 관리 시스템

생산품의 품질을 유지하기 위한 강력한 품질 관리 시스템을 도입해 불량률을 낮추고 고객 만족도를 높인다.

10. 규제 준수

건축 및 운영 단계에서 국제 및 국내 규제를 준수해 법적 문제를 예방하고 사업의 지속 가능성을 보장한다.

산업단지가 들어서면 그 주변에 공장 부지에 대한 수요가 높아진다. 여러 제약이 있어 산업단지 내 공장 부지에 입주하지 못한 업체가 생기기 마련이다. 그런 업체들은 산업단지 주변 공장 부지를 사서 건축을 한다. 그래서 수요가 몰리는 곳을 미리 선점하는 투자가 필요하다. 내 공인중개사무소가 위치한 곳은 용인반도체클러스터로부터 5km 정도 떨어진 곳이다. 아직 기초공사 단계지만 벌써부터 발 빠른 협력업체들이 공장 부지를 찾아달라고 문의를 한다.

아는 지인이 진천에 공장을 건축했다. 그런데 땅이 습해서 주변에 물이 많이 나온다. 공장 부지는 이런 땅은 피해야 한다. 기계나 생산하는 제품에 문제를 일으키기 때문이다. 곰팡이가 생기고, 생산제품에 접착력이 떨어지는 등 하자가 생긴다. 습한 땅은 피해야 한다. 또 지대가 낮은 땅도 피해야 한다. 지반이 견고하고 주변보다 높아야 홍수나 장마, 태풍에 안전하다. 고가의 기계나 상품은 수해를 입으면 복구가 불가능하다. 요즘은 소방안전 기준이 까다롭다. 그 부분도 반드시 준수해야 한다. 또 산을 끼고 있어 절개지가 있거나 따로 토목을 한 토지는 반드시 지반의 안정성을 살펴봐야 한다.

물론 조건에 100% 딱 맞는 땅은 찾기 어렵다. 그래도 한 번 공장을 지으면 쉽게 이사를 가기도 힘들다. 그러니 계약하기 전에 최대한 많이 살펴서 문제를 최소화하는 것이 중요하다. 집을 짓다가 10년을 늙지만, 공장은 잘못 지으면 30년을 늙는다. 정밀한 기계들은 지반이 가라앉으면 문제가 심각해진다. 기초를 튼튼히 해서 지반이 견고해야 한다.

그럼 공장 투자의 장점은 무엇일까? 첫째, 안정적인 수익을 기대할 수 있다. 공장은 장기 임대가 일반적이기 때문에 안정적인 임대수익이 창출된다. 둘째, 다양한 용도로 활용될 수 있다. 생산, 보관, 물류, 유통 등 공장 부지는 여러 용도로 활용이 가능하다. 셋째, 자산 가치 상승을 기대할 수 있다. 토지와 건물의 가치가 상승함에 따라 자산 가치가 증가할 가능성이 높다. 특히 산업단지나 물류 중심지 등 성장 가능성이 높은 지역에 위치한 경우 가치 상승이 더욱 두드러진다. 넷째, 운영비가 저렴하다. 공장은 다른 상업용 건물에 비해 관리비와 유지보수 비용이 상대적으로 적다. 내부구조가 복잡하지 않아 운영과 관리가 용이하다.

안성의 경우 1만m² 이상의 임야에는 공장 허가가 가능하다. 확인이 필요하지만 이런 사실을 알고 있다면 1만m² 이상의 임야에 투자를 고려하는 것도 한 방법이다. 물론 도로의 폭이나 땅의 경사도를 잘 따져봐야 한다. 앞으로 안성은 공장 부지의 수요가 많아질 것이다. 주변이 온통 반도체 공장으로 바뀌고 있기 때문이다. 현장에서 공인중개사무소를 운영하다 보면 누구보다 빠르게 수요와 공급의 변화를 알 수 있다. 5년간 공급은 조금씩 되고 있지만 수요는 어느 순간 폭발적으로 늘어날 것이다. 결국은 수요와 공급의 불일치로 가격은 급등할 것이다.

지금 여력이 있다면 1천 평 이상이고, 계획관리지역이고, 6m 이상의 폭을 가진 도로와 접한 땅을 눈여겨보자. 이런 땅은 얼마 지나지 않아 반드시 큰돈을 벌 수 있다. 물론 대부분은 이러한 사실을 알아도 못한다. 확신도, 돈도 없기 때문이다.

공장을 사거나 지을 생각이라면

공장 인허가는 과정이 상당히 복잡하기 때문에 단계별로 세심한 준비가 필요하다. 공장 인허가 과정은 산업 종류, 공장 규모, 지역 등

K-반도체 벨트 토지를 사라

에 따라 다소 차이가 있을 수 있다. 전문가의 도움을 받는 것이 중요하며, 관련 법규와 절차를 충분히 숙지해야 한다.

결국 중요한 것은 입지다. 협력사 납품업체가 대기업 주변에 몰려 있는 이유는 무엇일까? 공장이 모여 있을수록 시너지 효과가 나기 때문이다. 주문을 많이 받을 수 있고 정보를 많이 얻을 수 있다. 각종 식당과 직장인을 위한 인프라도 몰려 있다. 자재와 인력 수급 또한 용이하다. 주변에 원룸촌이 형성되어 직원들이 거주할 공간도 충분하다.

공장을 지으려면 계획관리지역이나 자연녹지지역을 알아봐야 한다. 그중에서 계획관리지역을 더 눈여겨봐야 한다. 건폐율 40%, 용적율 100%인 지역에 집중해야 한다. 층고는 처마 기준으로 6m 이상인 건물에 투자해야 한다. 설비나 호이스트(무거운 물건을 옮기는 기계)가 원활하게 움직일 높이가 필요하기 때문이다. 복층으로 된 공장은 되도록 피해야 한다. 공장의 입지는 고속도로 IC 주변이 좋다. 물건을 생산해서 전국으로 납품을 해야 하기 때문에 교통이 사통팔달 전국으로 움직이기 좋은 곳에 위치하고 있어야 한다. 공장은 되도록 주변에 주거시설이 없는 곳이 좋다. 제조업 특성상 소음, 분진, 냄새 문제가 생기기 마련이다. 그때마다 신고를 해서 민원이 들어오면 공무원이 단속을 하게 된다. 그러면 임대나 매매에 문제가 생길 수 있다. 잘 모르겠다면 K-반도체 벨트 주변 공장으로 한정 지이시 보기 바란다.

그럼 이미 공장이 지어진 부지의 가격은 어느 정도가 적절할까? 500평이고, 계획관리지역이며, 200평짜리 공장이 있다면 가격은 얼마를 불러야 할까? 땅값이 평당 200만 원이라면 일단 10억 원이고, 200평의 건축물은 평당 300만~350만 원 정도 잡으면 대략 6억~7억 원 정도가 원가다. 전체적으로 16억~17억 원 정도가 적정한 매매가일 것이다.

다른 경우 수익률로 역산하는 방식도 있다. 200평이면 평당 임대료가 3만 원일 경우 월 600만 원이고, 1년이면 7,200만 원이다. 매매금액이 16억 원이라면 4.5% 정도 수익률이 나온다. 6%라면 12억 원, 5%라면 14억 4천만 원이다. 얼마 정도의 수익률을 예상하느냐에 따라서 매매금액이 달라질 수 있다. 연간 임대료가 7,200만 원일 경우 수익률 4%라면 매매가는 18억 원, 4.5%라면 16억 원, 5%라면 14억 4천만 원이다. 6%로 잡으면 12억 원 정도로 매매가가 낮아진다.

중요한 것은 원칙이다. 원칙을 세우고 원칙대로만 투자하면 실패가 적다. 내가 아는 한 투자자는 안성에서 공장 건축이 가능한 계획관리지역 땅을 평당 50만 원 이하로만 산다. 그것이 그분의 원칙이다. 그다음 공장을 건축하고 임대를 주고 평당 500만 원에 매물로 내놓는다. 남들이 비싸다고 해도 그 가격 이하로는 절대 팔지 않는

K-반도체 벨트 토지를 사라

다. 그것이 그분의 원칙이다. 그때는 나도 비싸다고 생각했지만 지금 보면 절대 그렇지 않다. 불과 3년 만의 일이다.

K-반도체 벨트
토지를 사라

초판 1쇄 발행 2025년 1월 31일
초판 2쇄 발행 2025년 2월 5일

지은이 | 이일구
펴낸곳 | 원앤원북스
펴낸이 | 오운영
경영총괄 | 박종명
편집 | 이광민 최윤정 김형욱
디자인 | 윤지예 이영재
마케팅 | 문준영 이지은 박미애
디지털콘텐츠 | 안태정
등록번호 | 제2018-000146호(2018년 1월 23일)
주소 | 04091 서울시 마포구 토정로 222 한국출판콘텐츠센터 319호(신수동)
전화 | (02)719-7735   팩스 | (02)719-7736
이메일 | onobooks2018@naver.com   블로그 | blog.naver.com/onobooks2018
값 | 22,000원
ISBN 979-11-7043-609-6 03320